짜지않고 달지않은

약초 장아찌 69선

짜지 않고 달지 않은

약초 장아찌 69선

지은이 | 김태숙
펴낸이 | 배기순
펴낸곳 | 하남출판사

초판2쇄 발행 | 2016년 5월 15일

등록번호 | 제10-0221호

서울시 종로구 관훈동 198-16 남도B/D 302호
전화 (02)720-3211(代) | 팩스 (02)720-0312
홈페이지 http: //www.hnp.co.kr
e-mail: hanamp@chollian.net, hanam@hnp.co.kr

ISBN 978-89-7534-226-4(13590)

-82

짜 지 않 고
달 지 않 은

약초 장아찌 69선

김태숙 지음

하남출판사

시간이 만드는 먹거리, 장아찌

제철의 약초를 사계절 이용하는 저장식품의 백미

'음식으로 고치지 못하는 병은 약으로도 못 고친다.' 는 말이
새삼 마음에 와 닿는 이유는
지금까지 약초는 몸이 아플 때에만 찾아서 먹는 것이라고 생각했기 때문입니다.

우리들에게 유익한 먹거리는 늘 우리들 가까이에 있음을 기억하세요.
우리 몸은 우리가 태어나고 자란 땅에서 나는 먹거리를 원하는데,
그동안 너무 멀리에서 찾지는 않았나요?

여기 주변의 약초들을 이용한 밥상 위의 보약, 약초 장아찌를 추천해 드립니다.
글을 읽으시는 분들의 건강에 작은 보탬이 되고자
약초꾼으로서 살면서 자연스레 알게 된 지식들을 글로 풀어 놓았습니다.

산과 들에서 사계절 만날 수 있는 약초들이
우리 삶의 에너지와 건강을 보충해 줄 것이라는 믿음을 가지고
약초 활용의 한 부분을 여러분들께 기꺼이 내어 놓습니다.
봄, 여름, 가을, 겨울.
시기에 맞는 약초들과의 만남으로 늘 건강하시기를 바랍니다.

끝으로 책을 출간하기까지 항상 곁에서 도와주신
박광수 선생님, 허종태 선생님, 김명희 선생님께 감사의 마음을 전합니다.

김태숙

차례

2. 장아찌 담그기

첫째, 봄철 장아찌 32

둘째, 여름철 장아찌 144

셋째, 가을철 장아찌 152

1. 발효와 장아찌

최근 장아찌에 대한 관심이 커지고 있다. 약초를 활용하여 만드는 먹거리 중에서 발효액이나 차와 같은 음료보다 밥상에서 훨씬 많이 접할 수 있기 때문이다. 또한 장아찌는 약초로 담그는 술이나 발효액과도 관계가 깊기 때문에 그 이론과 이용법을 알아두는 것이 좋다.

시간이 만드는 건강

발효

슬로우푸드, 발효음식

우리나라의 김치, 유럽의 치즈, 일본의 낫토 등의 공통점은 바로 '발효음식' 이라는 것이다. 발효란 미생물이 스스로의 효소로 유기물을 변화시키거나 분해시켜서 특유한 산물을 만들어내는 과정을 말하는데, 이렇게 발효화된 음식은 세계 여러 나라의 역사 속에 살아 있다고 해도 과언이 아니다. 우리 선조들도 예부터 이런 발효음식을 즐겨 먹었다.

발효를 시키는 것은 식품을 오랫동안 보관하기 위한 가장 효과적인 방법 중의 하나였다. 발효음식의 강점은 발효과정 보다는 원재료에 있는데, 신선한 음식은 깨끗하기만 하면 그대로 먹어도 무방하지만, 발효된 음식은 재료를 얻은 후 시일이 흐른 후에 이용하기 때문에 특히나 원재료의 청결이 중요하다.

이런 발효음식을 먹어보면 신선한 맛도 부패한 맛도 아닌 독특하고 새로운 맛을 느낄 수 있는데, 이것은 발효음식의 맛이 시간과 환경에 따라 자연스럽게 형성되었기 때문이다. 이는 음식이 자연의 질서에 순응한다는 것이며 따라서 우리 몸에는 최고의 건강식이 될 수 있다.

우리나라의 김치와 장류, 유럽이나 일본의 장수촌에서 만드는 요구르트, 프랑스의 와인이나 독일의 맥주 등은 오래 전부터 효능이 입증된 발효음식이다.

발효와 부패

발효는 미생물(곰팡이와 세균)이 스스로의 효소로 유기물을 변화 또는 분해시켜서 각기 특유의 산물을 만들어 내는 현상이다. 또는 미생물이 다양한 효소를 분비하여 유기화합물을 산화 · 환원 또는 분해 · 합성시키는 반응이라고 말할 수도 있다.

부패도 발효와 마찬가지로 미생물이 유기물에 작용해서 일으키는 현상이라는 점에서는 같다. 때문에 일반적으로 유해하지 않은 물질이 만들어지면 '발효' 라 하고, 유해한 물질이 만들어지면 '부패' 라 한다. 결국, 두 가지 모두 원재료의 성질이 변화된 것이다.

우리나라의 절임문화

건강을 중시해 온 우리나라 음식에는 유난히 발효음식이 많다. 간장 · 된장 · 고추장 · 청국장 등의 여러 장류와 술 · 식초 · 김치 · 젓갈 · 장아찌까지 다양한 발효음식이 만들어져 온 것이다.

우리나라는 콩의 재배지였기 때문에 장류가 발달하였고, 겨울철에는 추워서 채소 재배가 어려웠기 때문에 김장김치를 담그게 되었다. 또한 3면이 바다인 지형적인 영향으로 생선과 어패류를 발효시키는 젓갈도 발달하였다.

'장맛이 변하면 집안이 망한다.'는 말도 있듯이 장을 만들 때는 특히 신중하였는데, 부정이 타지 않도록 금줄을 치고 길일을 택하여 작업하였다. 또한 장을 보관하는 항아리에도 금줄을 치고 버선본을 거꾸로 붙이는 등 소중히 다루었다.

소금을 이용한 절임

우리나라는 4계절이 뚜렷하고 약간은 습한 기후를 가지고 있어서 예부터 부패를 방지하기 위해 소금에 절인 음식이 발달하였다.

소금절임의 방부효과는 소금으로 인해 재료의 삼투압이 증가하여 탈수되고 이에 수분 활성이 낮아져 미생물의 생육이 저지되는 것으로 나타난다. 더불어 소금은 산소의 농도를 감소시켜서 균의 생장을 억제하기도 한다.

젓갈과 장아찌

젓갈은 어패류의 저장을 위하여 살과 창자와 알 등에 소금을 약 20% 정도 넣고 절여서 짜게 맛을 들인 음식이며, 장아찌는 야채류를 소금물 · 간장 · 식초 등의 용액에 발효시킨 것이다. 젓갈이나 장아찌는 모두 저장 과정 중에서 발효가 일어나 원재료와는 다른 특유한 맛을 느끼게 한다.

앞에서 이야기한 것과 같이 우리나라의 저장법은 대체로 소금을 이용한 절임 저장법이다. 대표적인 것이 바로 '김치' 인데, 김치는 재료를 소금으로 절인 후 다른 양념들을 사용하여 맛을 내는 절임방법을 사용한 것이다.

장아찌도 역시 절임방식으로, 감 장아찌 · 고추 장아찌 · 오이 장아찌 등 다양한 장아찌 모두가 소금으로 절이는 방법이다. 간장이나 된장, 고추장에 넣어서 만드는 장아찌도 결국은 소금으로 절이는 방식의 변형인 것이다.

저장음식의 백미

장아찌

오래 두고 먹는 장아찌

제철에 나는 채소들을 간장이나 된장, 고추장 속에 넣고 오랜 시간 삭혀 먹는 저장 음식이 장아찌이다. 장아찌는 예부터 우리 조상이 식생활에 이용한 조리법의 하나로, 제철에 많이 나는 야채류를 준비하여 소금물이나 간장에 절이거나 된장 · 고추장에 넣었다가 오랜 후에 먹는 저장 식품이다.

여러 날 동안 장 속에서 맛이 든 장아찌는 그대로 먹기도 하고 여러 가지 양념을 하여 무쳐 먹기도 한다. 장아찌는 특히 오랫동안 보관하기 위해 짭짤하게 간을 하는데, 이는 우리의 주식인 밥과 맛의 조화를 이룬다.

이렇게 만든 장아찌는 오래 두고 먹을 수 있으며, 발효과정에서 재료가 가지고 있는 강한 성질이 순화되어 우리 몸에 이로운 작용을 한다. 또한 원재료가 가지는 특성에 따라 효능도 다양하다.

장아찌는 재료를 소금물 · 간장 · 식초 등의 용액에 넣어 탈수시켜 세포의 기능을 잃게 한 다음 다시 장류 등에 넣어 삭히는데, 이때 수분이 빠져나가고 양념이 스며들어 효소에 의한 소화 작용을 촉진시킴과 동시에 유효한 미생물이 번식하여 발효가 진행된다. 또한 소금에 장기간 절여서 저장함으로 유용한 미생물 이외에 다른 유해 미생물의 생장이 어려워지므로 장기 보존이 가능하다.

장아찌에 대한 기록

장아찌에 대한 최초의 기록은 고려 중엽 이규보의 동국이상국집(東國李相國集)이다. 여기에는 '좋은 장을 얻어 무 재우니 여름철에 좋고, 소금에 절여 겨울철을 대비한다.' 고 기록되어 있다.

1819년 다산 정약용이 쓴 아언각비(雅言覺非)에 '제(齊)는 온(蘊)의 일종으로 가늘게 썬 것을 초와 장에 섞어서 생강과 마늘을 가늘게 썰어 양념을 넣고 버무린 것' 으로 나와 있는데, 이것도 후에는 '김치무리' 로 기록되어 있다.

1827년 서유구가 쓴 임원십육지(林園十六志)에 보면 고려말의 김치무리를 소금절이김치, 초절이김치, 장아찌, 식혜형김치 등으로 부르게 되었다는 것을 알 수 있다. 또한 장아찌를 '제채(虀菜)' 라 했는데, 제는 주례(周禮)의 오제칠온(五虀七蘊)에서 나온 말이다.

요즘에는 먹거리가 풍성해지고 사철 신선한 채소를 쉽게 구할 수 있기 때문에, 장아찌가 그저 밑반찬 정도로 인식되고 있지만 과거 우리 조상들에게는 매우 중요한 음식이었다.

〈농가월령가〉의 7월령에는 '채소 · 과일 흔할 적에 저축을 많이 하소. 박 · 호박고지 켜고 외 · 가지 짜게 절여 겨울에 먹어보소. 귀물이 아니 될까.' , 9월령에는 '타작 점심 하오리라 황계 백숙 부족할까. 새우젓 계란찌개 상찬으로 차려놓고 배추국 무나물에 고춧잎 장아찌라. 큰가마에 안친 밥이 태반이나 부족하다.' 라고 장아찌를 표현하고 있다. 이런 기록들을 보면 당시의 생활에서는 장아찌가 꼭 필요한 음식임과 동시에 입맛을 돋우는 기호식품임을 알 수 있다.

장아찌의 이용

장아찌는 제철에 많이 나는 야채류를 소금물이나 간장에 절이거나 된장 · 고추장에 넣었다가 오랜 시간이 지난 후에 먹는 것으로, 저장음식의 백미라고 할 수 있다. 장아찌는 저장을 위해 일부러 짭짤하게 간을 하는데, 이 짭짤한 맛은 입맛을 되살리기도 한다.

장아찌의 조리법은 대략 5가지로 구분할 수 있는데, 소금 · 간장 · 된장 · 고추장 · 식초를 이용한 장아찌 등이 있으며 각 지방에서 만드는 장아찌 종류만 해도 대략 200여 가지가 넘는다고 한다. 궁중에서는 장아찌를 '장과(醬果)' 라고 하였는데, 오래 저장하기 위해 만든 숙장과와 즉석에서 만드는 갑장과가 있다.

이런 장아찌는 간장 · 된장 · 고추장 등에 박아 두어 알맞게 삭혔다가 꺼내 참기름이나 설탕 등으로 무쳐 먹는 것이 일반적이다.

장아찌의 재료

장아찌는 일반적으로 제철에 얻을 수 있는 야채와 채소를 주재료로 하여 담그는데, 예전 궁중에서 만들던 '삼합장과'는 예외로 본다.

궁중음식 중 하나인 삼합장과는 바다에서 나는 것 중 귀하다는 세 가지, '전복 · 해삼 · 홍합'을 간장 물에 조려서 만드는 것으로 '장아찌의 귀족'이라 할 수 있다.

장아찌의 종류

지역과 계절에 따라 장아찌의 종류는 다양하다. 전해지는 것만 해도 약 200여 가지라 한다.

이는 먹을 수 있는 것이라면 모두 장아찌로 만들었다 해도 다름이 아닌데, 제철에만 생산되는 먹거리들을 일년 내내 밥상에 오를 수 있게 만든 우리 조상들의 지혜가 고스란히 담긴 음식이다.

특히 간장 · 된장 · 고추장 등 이미 발효된 장류를 사용해 다시 절이고 삭힌 장아찌는 세계에서 찾아 볼 수 없는 우리 고유의 음식이다.

소금이나 식초에 절인 음식들이 짠맛이나 신맛으로 구분되는데 비해서, 우리의 장아찌는 소금을 통한 부패 방지의 기능뿐만 아니라 장류의 독특한 풍미가 재료에 배어 나와 다른 저장음식과 차별화된다.

장아찌의 효능

예부터 우리 밥상을 지켜온 장아찌에는 과학이 숨어 있다. 장아찌는 재료를 소금물 · 간장 · 식초 등의 용액에 넣어 탈수시켜 세포의 기능을 잃게 한 후, 다시 된장 · 고추장 등 장류에 넣어 발효시키는 원리에 의해서 만들어진다.

소금물에 절여서 재료를 삭히면 재료에 있는 수분이 용출되어 탈수작용을 유발하고, 원형질을 분리시켜 양념이 빠르게 침투된다. 또한 염분이 스며들어 효소에 의한 소화작용을 촉진하고 유효 미생물이 번식하여 유해한 미생물의 생육이 억제되므로 장기 보존이 용이하게 된다.

곧, 장아찌는 원재료가 가지는 특유의 효능과 장기간의 발효로 생기는 유익균이 더해져 좋은 효능은 배가되고, 유해물질은 순화되는 효과를 얻을 수 있는 것이다.

장아찌의 저장

장아찌는 오래 보존해서 먹는 음식이나 보존기간에 대해서는 별도로 알려진 바가 없다. 보존기간은 장아찌의 보존상태 및 보존방법에 따라서 달라질 수 있는 것이다.

일반적으로 너무 오래되어 부유물이 많아지면 먹기가 어려워진다. 또한 장아찌를 담글 때 재료가 가라앉지 않고 위로 떠오르게 되면, 재료가 공기와 접촉하여 물러지거나 하얗게 곰팡이가 생기기도 한다.

이렇게 상하는 것을 방지하기 위해 예전에는 재료에 돌멩이를 얹어 주었는데, 다른 방법으로 비닐팩에 소금물이나 간장을 넣어서 얹어 주기도 한다. 이렇게 하면 재료가 떠오르는 것을 막아서 공기와 접촉해 상하는 것을 방지할 수 있다.

오랫동안 두고 이용할 경우, 상온에서 일주일 정도 보관한 후 간장물만 따로 끓여 식혀서 한 번 더 부어주면 된다. 이렇게 보관하면 1년 이상은 상하지 않게 된다.

장아찌의 맛을 결정하는

부재료

첫째, 소금

소금은 발효의 상태를 조정하고 발효가 되면서 잃기 쉬운 맛과 영양소의 균형을 잡아주기도 한다. 이런 소금을 무조건 멀리할 필요는 없지만 불필요하게 많이 써도 좋지 않다.

소금의 기능에는 발효의 적정선을 유지할 뿐 아니라 새로운 음식을 만들어내는 효과도 있다. 예부터 다양한 지역에서는 생선을 발효시키는 방법이 널리 행해졌으며, 현재는 각 국가에서 전통적인 음식으로 활용되고 있다. 이렇게 소금도 발효에 도움이 되는 기능이 있으므로 발효음식과 응용하면 더 좋은 효과가 있을 것이다.

둘째, 설탕

미생물의 생명을 이어가게 하는 재료로는 자연당인 설탕이나 꿀이 있다. 설탕의 경우 가급적 탄수화물과 함께 있는 덜 정제된 것이 유용한데, 가장 좋은 것은 유기농으로 재배된 것이다. 정제가 되면 될수록 미생물의 먹이는 줄어들고 발효력은 떨어지기 때문이다. 싱싱한 재료를 깨끗이 정리하고 다듬어 용기에 넣기 전에 설탕과 함께 잘 버무려야 하는 이유가 여기에 있다.

셋째, 식초

곡물과 과일 등을 원료로 하여 만들어진 식초는 질병 예방 효과를 지닌 건강식품이며 건강조미료이다. 여러 가지 효능을 지닌 식초는 순수한 곡물 또는 과일로 만들어진 것이어야 한다. 그래야만 질병 치료 역할을 하는 의약품과 같은 효과를 낼 수 있다.

장아찌를 담글 때 식초는 재료의 유해한 균을 살균하기 위하여 약간 첨가한다.

넷째, 발효액

간장 · 된장 · 식초 · 술처럼 산야초 발효액도 발효식품이다. 장아찌를 담글 때 산야초 발효액은 설탕의 양을 줄이고 재료의 효능을 더해 주기 위한 목적으로 쓰인다.

장아찌의 종류를 결정하는

장 양념

장아찌는 예부터 전해 내려 온 조리법의 하나이다. 제철에 나는 야채나 채소를 소금물이나 간장에 절이거나, 된장 · 고추장에 넣었다가 오랜 후에 먹는 저장식품으로 이렇게 만든 장아찌는 발효과정에서 원재료가 가지고 있는 강한 성질이 순화되어 우리 몸에 이로운 작용을 한다.

장아찌는 원재료의 특성에 따라 다양한 효능을 갖고 있는데, 재료의 성질에 따라 그대로 이용하거나 참기름 등으로 양념하여 먹는다.

첫째,
간장양념 만들기

준비물

간장 200ml, 물 1200ml, 식초 600ml, 설탕 600g, 소금 80g, 소주 약간

만들기

1 간장에 물과 식초, 설탕과 소금을 넣고 녹여준다.
2 다 녹인 양념을 끓여서 식힌다.

Tip 간장을 끓일 때 마지막에 소주를 약간 넣어서 밖에서 보관하면 변질을 방지할 수 있다.

둘째,
된장양념 만들기

준비물

된장 300g, 발효액 30ml, 물엿 15g

Tip 발효액은 매실발효액이나 집에 담가 놓은 여러 발효액을 이용해도 좋다.

만들기

1 된장에 발효액과 물엿을 넣는다.

2 나무주걱으로 잘 저어서 골고루 섞이도록 한다.

셋째,
고추장양념 만들기

준비물

고추장 400g, 발효액 100ml, 물엿 60g

Tip 발효액은 매실발효액이나 집에 담가 놓은 여러 발효액을 이용해도 좋다.

만들기

1 고추장에 발효액과 물엿을 넣는다.
2 나무주걱으로 잘 저어서 골고루 섞이도록 한다.

2. 장아찌 담그기

장아찌의 종류는 다양하지만 만드는 법은 거의 비슷하다. 일반적으로 판매되는 장아찌들의 맛을 살펴보면 너무 달다. 때문에 약초를 이용하여 집에서 담글 때는 되도록 짠맛을 낮추고 단맛을 줄이는 연구를 해야 한다.

첫째,

봄철 장아찌

사계절이 뚜렷하고 철마다 다양한 채소가 나는 우리나라는

예부터 계절별로 다양한 장아찌가 발달하였다.

특히 봄이면 땅의 기운을 그대로 담고 있는

봄나물과 새순으로 장아찌를 담그는데, 그 맛이 일품이다.

칼슘과 칼륨을 보충해 주는

가죽[참죽] 장아찌

가죽은 단백질 · 비타민A · B1 · B2 · C · 칼슘 · 마그네슘 등을 함유하고 있어 부족한 칼슘과 칼륨을 보충해 주며, 소염 · 해독 · 살충의 효능도 있어 장염과 이질, 종기 등의 치료에도 효과적이다. 또한 폐렴구균과 대장균과 곰팡이균 등을 억제시킨다.

재료

가죽나물 ······ 600g

부재료

용기 (유리나 항아리)

고추장양념

고추장 ······ 400ml
발효액 ······ 100ml
물엿 ······ 60g
절임용 소금 ······ 30g

채취부위와 시기

잎은 봄에 채취
뿌리껍질은 가을에 채취

부위별 활용

잎 나물, 장아찌, 말려서 부각, 생재를 발효액
뿌리 말려서 달이거나 말려서 담금주

만들기

1 가죽을 채취하여 손질한다.
2 손질한 가죽을 약간의 소금으로 절인다.
3 약 5~6시간 후 살짝 씻어 물기를 제거한다.
4 용기에 재료를 넣고 고추장양념을 골고루 무쳐준다.
5 15일 숙성 후 식용가능하다.

주의할 점 줄기를 제외한 잎으로만 담그면 맛이 한결 부드러워진다.

폐 질환에 좋은

(조선)갓 장아찌

갓은 가래를 가라앉히고 폐 질환을 완화시키며 식욕증진에도 좋다. 다른 채소에 비해 단백질과 비타민A · C · 엽산이 많이 함유되어 있어 빈혈 · 뇌졸중 · 암예방에도 좋다.

재료

(조선)갓 ········ 600g

부재료

용기 (유리나 항아리)

간장양념

간장 ········ 200ml

물 ········ 1200ml

식초 ········ 600ml

설탕 ········ 600g

소금 ········ 80g

채취부위와 시기

전초를 봄에서 겨울까지 사계절 채취

부위별 활용

잎 쌈, 김치, 장아찌

전초 생재를 발효액, 말려서 달임

만들기

1 청정지역에서 자라는 (조선)갓을 연할 때 뿌리를 제외한 지상부만 채취한다.

2 잘 씻어 물기를 빼준다.

3 용기에 재료를 넣고 간장양념을 만들어 끓여 식혀 부어준다.

4 용기의 맨 위를 눌림 돌로 눌러준다.

5 1주일 후에 다시 간장양념을 만들어 부어준다(2회 반복).

6 15일 숙성 후 식용가능하다.

소화와 설사를 다스리는

고들빼기 장아찌

고들빼기는 이눌린이 풍부하게 함유되어 있어 체내에 흡수되면 혈당을 조절해주는 천연 인슐린 역할을 해준다. 혈액을 맑게 해주고 체내 독소를 제거해주며 각종 통증 완화에 도움이 된다. 또한 건위작용이 있으며, 소화를 돕고 열을 내린다. 약한 설사와 종기를 다스린다.

재료

고들빼기 ········· 600g

부재료

용기 (유리나 항아리)

간장양념

간장 ········· 200ml

물 ········· 1200ml

식초 ········· 600ml

설탕 ········· 600g

소금 ········· 80g

채취부위와 시기

전초를 이른 봄에서 가을까지 채취

부위별 활용

전초 봄에 채취하면 김치, 장아찌
여름에 채취하면 생재를 발효액

만들기

1 고들빼기를 뿌리째 채취한다.
2 잔뿌리를 제거하여 손질한 다음 씻어준다.
3 소금에 절여 5~6시간 후 다시 흐르는 물에 살짝 씻어 물기를 빼준다.
4 용기에 넣고 간장양념을 만들어 끓여 식혀 부어준다.
5 용기의 맨 위를 눌림 돌로 눌러준다.
6 1주일 후에 다시 간장양념을 만들어 부어준다(2회 반복).
7 15일 숙성 후 식용가능하다.

주의할 점 고들빼기 뿌리를 제외한 잎만으로도 장아찌를 담글 수 있다.

산후의 어혈을 풀어주는

고추나무순 장아찌

고추나무에는 비타민과 무기질이 풍부하다. 건해와 산후오로불하(産後惡露不下) 등을 치료한다. 아울러 지혈 · 이뇨 · 진해 · 거담 · 기관지염과 어혈을 푸는데 사용한다. 고추나무순은 마른기침과 산후어혈에 효과가 있다.

재료

고추나무순 ······ 600g

부재료

용기 (유리나 항아리)

간장양념

간장 ······ 200ml
물 ······ 1200ml
식초 ······ 600ml
설탕 ······ 600g
소금 ······ 80g

채취부위와 시기

고추나무순은 봄에 채취
줄기를 가을에 채취

부위별 활용

순 차, 나물, 장아찌, 생재를 발효액
줄기 말려서 달이거나 말려서 담금주

만들기

1 고추나무의 순을 연할 때 채취한다.
(작은 열매도 식용이 가능하다)
2 잘 씻어서 물기를 빼준다.
3 용기에 넣고 간장양념을 만들어 끓여 식혀 부어준다.
4 용기의 맨 위를 눌림 돌로 눌러준다.
5 1주일 후에 다시 간장양념을 만들어 부어준다(2회 반복).
6 15일 숙성 후 식용가능하다.

기침 · 천식 · 가래를 다스리는

곰보배추 장아찌

곰보배추에는 플라보노이드와 페놀성물질 · 정유성분 · 사포닌 · 강심배당체 · 불포화지방산 등이 들어 있어 만성기관지염과 인후염 · 천식 · 기침 · 감기 · 가래를 가라 앉히는 효과가 있다.

재료

곰보배추 ······ 600g

부재료

용기 (유리나 항아리)

간장양념

간장 ······ 200ml
물 ······ 1200ml
식초 ······ 600ml
설탕 ······ 600g
소금 ······ 80g

채취부위와 시기

사계절 푸른 잎을 간직하므로 전초를 봄부터 겨울까지 채취

부위별 활용

전초 봄에 채취하면 나물, 장아찌, 김치, 생재를 발효액
가을에서 겨울에 채취하면 말려서 달임(약용)

만들기

1 곰보배추의 뿌리와 잎 등 전초를 채취한다.
(잎만 채취하여도 좋다)
2 채취한 뿌리의 잔뿌리와 잎의 잔잎을 제거한다.
3 손질한 재료를 잘 씻어서 물기를 빼준다.
4 용기에 넣고 간장양념을 만들어 끓여 식혀 부어준다.
5 용기의 맨 위를 눌림 돌로 눌러준다.
6 1주일 후에 다시 간장양념을 만들어 부어준다(2회 반복).
7 15일 숙성 후 식용가능하다.

주의할 점 곰보배추 뿌리를 제외하고 잎으로만 담가도 좋다.

혈액순환을 돕는

곰취 장아찌

곰취잎에는 비타민C가 풍부하며 단백질 · 니아신 · 탄수화물 · 회분 · 칼륨을 많이 함유하고 있어 산성체질을 개선하고 노화를 방지하며 피로를 풀어주는 효능이 있다. 또한 혈액순환 개선과 기침 · 천식 치료에 좋다.

재료

곰취 ······ 600g

부재료

용기 (유리나 항아리)

간장양념

간장 ······ 200ml
물 ······ 1200ml
식초 ······ 600ml
설탕 ······ 600g
소금 ······ 80g

채취부위와 시기

잎을 봄에 채취
전초를 여름에 채취
뿌리를 가을에 채취

부위별 활용

잎 쌈, 나물, 장아찌
전초 생재를 발효액
뿌리 말려서 달이거나 말려서 담금주

만들기

1 곰취를 줄기와 같이 채취한다.
2 잘 씻어서 물기를 빼준다.
3 용기에 넣고 간장양념을 만들어 끓여 식혀 부어준다.
4 용기의 맨 위를 눌림 돌로 눌러준다.
5 1주일 후에 다시 간장양념을 만들어 부어준다(2회 반복).
6 15일 숙성 후 식용가능하다.

주의할 점 간장양념을 끓여서 뜨거울 때 준비한 곰취에 바로 부으면 식힌 후 냉장고에 두고 먹을 수 있다. 이때는 숙성기간이 따로 없이 바로 먹을 수 있다.

각종 통증을 완화시키는

굴피나무순 장아찌

굴피나무순은 진통 · 소종 · 거풍 등의 효능이 있어 근육통 · 복통 · 치통 · 습진 · 종창 등의 치료에 사용한다. 한방에서는 열매를 '화향수과' 라고 하며 약용한다.

재료

굴피나무순 600g

부재료

용기 (유리나 항아리)

간장양념

간장 200ml
물 1200ml
식초 600ml
설탕 600g
소금 80g

채취부위와 시기

잎을 봄에 채취
열매를 가을에 채취
줄기를 가을과 겨울에 채취

부위별 활용

잎 나물, 장아찌, 말려서 달인 후 차로 이용
열매 염료
줄기 말려서 달이거나 말려서 담금주, 성냥개비의 재료

만들기

1 굴피나무의 순을 억세지기 전에 채취한다.
2 잘 씻어서 물기를 빼준다.
3 용기에 넣고 간장양념을 만들어 끓여 식혀 부어준다.
4 용기의 맨 위를 눌림 돌로 눌러준다.
5 1주일 후에 다시 간장양념을 만들어 부어준다(2회 반복).
6 15일 숙성 후 식용가능하다.

혈액순환을 촉진하는

꾸지뽕잎 장아찌

꾸지뽕의 잎은 각종 소화기암을 다스린다고 전해지며, 어혈을 풀어주고 월경을 통하게 한다. 또한 결석을 없애는 효능이 있다. 여성들의 자궁질환인 염증 · 생리통 · 어혈 · 종양 · 냉증 등에 좋으며, 위염과 위궤양 등 위장장애에 좋고 피로회복을 돕는다.

재료

꾸지뽕잎 ······ 600g

부재료

용기 (유리나 항아리)

간장양념

간장 ······ 200ml

물 ······ 1200ml

식초 ······ 600ml

설탕 ······ 600g

소금 ······ 80g

채취부위와 시기

잎을 봄에 채취

열매를 가을에 채취

줄기와 뿌리를 가을에서 겨울 사이에 채취

부위별 활용

잎 차, 장아찌

열매 말려서 달임, 생재를 발효액

줄기와 뿌리 말려서 달이거나 말려서 담금주

만들기

1 꾸지뽕잎이 연할 때 채취한다.

2 줄기를 제거하고 잘 씻어서 물기를 빼준다.

3 용기에 재료를 넣고 간장양념을 만들어 끓여 식혀 부어 준다.

4 용기의 맨 위를 눌림 돌로 눌러준다.

5 1주일 후에 다시 간장양념을 만들어 부어준다(2회 반복).

6 15일 숙성 후 식용가능하다.

피를 맑게 하고 시력을 보호하는

냉이 장아찌

냉이는 나물 중에서 단백질의 함량이 가장 풍부하고 철분과 칼슘 등의 무기질 함량이 풍부하여, 남녀노소 구별없이 유익하다. 지혈 · 이뇨 · 시력증진에 좋은 효과를 보이며, 고혈압을 예방하고 변비를 개선하며, 생리통을 완화한다.

재료

냉이 ········ 600g

부재료

용기 (유리나 항아리)

간장양념

간장 ········ 200ml
물 ········ 1200ml
식초 ········ 600ml
설탕 ········ 600g
소금 ········ 80g

채취부위와 시기

전초를 이른 봄에 채취

부위별 활용

전초 장아찌, 생재를 발효액

만들기

1 냉이를 채취하여 씻어서 물기를 빼준다.
2 용기에 재료를 넣고 간장양념을 만들어 끓여 식혀 부어준다.
3 용기의 맨 위를 눌림 돌로 눌러준다.
4 1주일 후에 다시 간장양념을 만들어 부어준다(2회 반복).
5 15일 숙성 후 식용가능하다.

예민한 신경을 완화시키는

노박덩굴 장아찌

노박덩굴은 혈액순환을 촉진하고, 신경쇠약과 불면증 치료에 도움을 준다. 생리통과 관절염 개선에도 효과가 있다. 근육과 뼈를 튼튼하게 하고, 손과 발의 마비를 풀며, 몸속의 독을 풀어준다.

재료

노박덩굴 ········ 600g

부재료

용기 (유리나 항아리)

간장양념

간장 ········ 200ml
물 ········ 1200ml
식초 ········ 600ml
설탕 ········ 600g
소금 ········ 80g

채취부위와 시기

순을 봄에 채취
열매를 가을에 채취
줄기와 뿌리를 가을에서 겨울 사이에 채취

부위별 활용

순 차, 나물, 묵나물, 장아찌
열매 말려서 달이거나 말려서 담금주, 가루 내어 환으로 이용
줄기와 뿌리 말려서 달이거나 말려서 담금주

만들기

1 노박덩굴이 억세지기 전에 채취한다.
(작은 열매도 식용이 가능하다)
2 잘 씻어서 물기를 빼준다.
3 용기에 넣고 간장양념을 만들어 끓여 식혀 부어준다.
4 용기의 맨 위를 눌림 돌로 눌러준다.
5 1주일 후에 다시 간장양념을 만들어 부어준다(2회 반복).
6 15일 숙성 후 식용가능하다.

고혈압 치료를 돕는

누리장나무순 장아찌

누리장나무순은 풍사를 몰아내고 습사를 없애며 혈압을 낮춘다. 풍습에 의한 반신불수 · 편두통 · 고혈압 · 만성기관지염 · 말라리아에 치료 효과가 있다.

재료

누리장나무순 ··· 600g

부재료

용기 (유리나 항아리)

간장양념

간장 ··· 200ml
물 ··· 1200ml
식초 ··· 600ml
설탕 ··· 600g
소금 ··· 80g

채취부위와 시기

순을 봄에 채취
줄기와 뿌리를 가을에 채취

부위별 활용

순 나물, 장아찌
줄기와 뿌리 말려서 달이거나 말려서 담금주

만들기

1 누리장나무의 순을 억세지기 전에 채취한다.
2 잘 씻어서 물기를 빼준다.
3 용기에 넣고 간장양념을 만들어 끓여 식혀 부어준다.
4 용기의 맨 위를 눌림 돌로 눌러준다.
5 1주일 후에 다시 간장양념을 만들어 부어준다(2회 반복).
6 15일 숙성 후 식용가능하다.

각종 염증을 다스리는

느릅나무순 장아찌

느릅나무는 대장과 방광 근육의 운동을 강화하여 대변과 소변을 잘 나가게 하고 약한 기침을 멎게 해준다. 한방에서는 뿌리껍질을 달여서 위염 · 위궤양 · 십이지장궤양 · 대장궤양 · 축농증 · 비염 등의 치료에 쓰이고 있다. 열매와 잔가지는 위암 치료에 쓰기도 한다. 느릅나무순은 항암작용이 있으며, 종기와 악창을 제거한다. 축농증과 위염에도 개선 효과가 있다.

재료
느릅나무순 ········ 600g

부재료
용기 (유리나 항아리)

고추장양념
고추장 ········ 400ml
발효액 ········ 100ml
물엿 ········ 60g

채취부위와 시기
순을 봄에 채취
줄기와 뿌리껍질을 가을에서 이른 봄까지 채취

부위별 활용
순 차, 나물, 장아찌
줄기와 뿌리껍질 말려서 달이거나 말려서 담금주

만들기
1 느릅나무의 순을 연할 때 채취한다.
2 채취한 느릅나무순을 씻어 물기를 제거한다.
3 용기에 재료를 넣고 고추장양념을 골고루 무쳐준다.
4 15일 숙성 후 식용가능하다.

염증 치료에 쓰이는

다래순 장아찌

다래순은 '목자' · '등리' · '미후리' 라고도 하는데, 위암 · 식도암 · 유방암 · 간염 · 관절염에 치료 효과가 있다. 비타민C와 타닌이 풍부해서 피로를 풀어주고 불면증 · 괴혈병에도 좋은 도움을 준다. 열을 내리고 갈증을 멈추게 하며 이뇨작용도 한다.

재료

다래순 ······ 600g

부재료

용기 (유리나 항아리)

간장양념

간장 ······ 200ml
물 ······ 1200ml
식초 ······ 600ml
설탕 ······ 600g
소금 ······ 80g

채취부위와 시기

수액을 이른 봄에 채취
순을 봄에 채취
열매를 여름에 채취
줄기를 가을에 채취

부위별 활용

수액 음료
순 차, 나물, 묵나물, 장아찌
열매 생재를 발효액, 장아찌
줄기 말려서 달이거나 말려서 담금주

만들기

1 다래의 순을 연할 때 채취한다.
2 잔잎을 제거하고 잘 씻어서 물기를 빼준다.
3 용기에 넣고 간장양념을 만들어 끓여 식혀 부어준다.
4 용기의 맨 위를 눌림 돌로 눌러준다.
5 1주일 후에 다시 간장양념을 만들어 부어준다(2회 반복).
6 15일 숙성 후 식용가능하다.

비타민과 아미노산이 풍부한

단풍취 장아찌

단풍취는 뿌리를 제외한 전초를 식용한다. 칼륨 · 비타민C · 아미노산의 함량이 풍부한 알칼리성 식품이다. 입맛이 없을 때, 피로로 인하여 피부가 거칠해졌을때, 숙취해소에 효능이 있다.

재료
단풍취 ········ 600g

부재료
용기 (유리나 항아리)

간장양념
간장 ········ 200ml
물 ········ 1200ml
식초 ········ 600ml
설탕 ········ 600g
소금 ········ 80g

채취부위와 시기
연한 순을 봄에 채취
전초를 여름에 채취
뿌리를 가을에 채취

부위별 활용
순 나물, 장아찌
전초 생재를 발효액
뿌리 말려서 달이거나 말려서 담금주

만들기
1 단풍취가 연할 때 줄기와 같이 채취한다.
2 잘 씻어서 물기를 빼준다.
3 용기에 넣고 간장양념을 만들어 끓여 식혀 부어준다.
4 용기의 맨 위를 눌림 돌로 눌러준다.
5 1주일 후에 다시 간장양념을 만들어 부어준다(2회 반복).
6 15일 숙성 후 식용가능하다.

소화기질환을 완화시키는

달래 장아찌

달래는 보혈 · 강장 · 중풍 · 해독 · 진통 · 식욕부진 · 건위 등에 치료 효과가 있으며, 특히 소화기 질환에 특효가 있다. 또한 철분을 다량으로 함유하여 여성의 자궁출혈이나 월경불순에도 효과가 있다.

재료

달래	600g

부재료

용기 (유리나 항아리)

간장양념

간장	200ml
물	1200ml
식초	600ml
설탕	600g
소금	80g

채취부위와 시기

전초를 이른 봄에서 초여름 사이에 채취

부위별 활용

전초 나물, 김치, 생재는 발효액

만들기

1 달래의 뿌리수염을 제거한다.

2 겉껍질을 제거한 후 잘 씻어서 물기를 빼준다.

3 한 번 먹기 좋은 양으로 묶어서 용기에 넣고 간장양념을 만들어 끓여 식혀 부어준다.

4 용기의 맨 위를 눌림 돌로 눌러준다.

5 1주일 후에 다시 간장양념을 만들어 부어준다(2회 반복).

6 15일 숙성 후 식용가능하다.

주의할 점 숙성기간이 짧으면 매운맛이 강하게 느껴질 수 있다.

당뇨와 비만 치료에 좋은

달맞이뿌리 장아찌

달맞이의 뿌리를 식용하면 감기 · 인후염 · 당뇨병 · 비만증 치료에 좋은 효과를 보인다. 근육과 뼈를 튼튼하게 하고 풍습을 치료하는 효능이 있어 오래 복용하면 몸이 따뜻해지고 기운이 나며 신경통과 근육통이 감소한다고 한다.

재료

달맞이의 뿌리 ············ 600g

부재료

용기 (유리나 항아리)

고추장양념

고추장 ······················ 400ml

발효액 ······················ 100ml

물엿 ························· 60g

채취부위와 시기

전초를 봄에 채취, 꽃을 여름에 채취
뿌리를 가을에서 이른 봄까지 채취

부위별 활용

꽃 물기를 제거한 후 담금주

열매 말려서 달임, 기름

전초 생재를 발효액

뿌리 말려서 장아찌, 말려서 달이거나 말려서 담금주 가루를 내어 환으로 이용

만들기

1 달맞이의 뿌리를 채취하여 솔로 문질러 잘 씻는다.
2 손질한 달맞이 뿌리를 끓는 물에 살짝 데친다.
3 뿌리에 칼집을 내어 가운데 심을 제거한다.
4 살짝 말린다.
5 용기에 재료를 넣고 고추장양념으로 골고루 무쳐준다.
6 15일 숙성 후 식용가능하다.

주의할 점 취향에 따라 된장 장아찌로 담가도 좋다.

혈액의 흐름을 원활하게 하는

당귀 장아찌

당귀는 보혈과 화혈의 효과가 있다. 월경불순 · 두통 · 어지럼증 · 산후복통에 치료 효과가 있다. 또한 당귀는 따뜻한 성질로 독이 없으며 뿌리는 어혈을 제거하고, 몸통은 피를 조절하며, 당귀의 윗부분은 보혈을 하는 효능이 있다고 한다.

재료
당귀의 지상부 ············ 600g

부재료
용기 (유리나 항아리)

간장양념
간장 ············ 200ml
물 ············ 1200ml
식초 ············ 600ml
설탕 ············ 600g
소금 ············ 80g

채취부위와 시기
잎을 봄에 채취
전초를 여름에 채취
뿌리를 가을에 채취

부위별 활용
잎 쌈, 나물, 장아찌, 생재를 발효액
뿌리 생재를 발효액, 말려서 달이거나 말려서 담금주

만들기
1 당귀의 연한 지상부를 채취한다.
2 잘 씻어서 물기를 빼준다.
3 용기에 넣고 간장양념을 만들어 끓여 식혀 부어준다.
4 용기의 맨 위를 눌림 돌로 눌러준다.
5 1주일 후에 다시 간장양념을 만들어 부어준다(2회 반복).
6 15일 숙성 후 식용가능하다.

갈증을 해소하고 원기를 회복시키는

대나무[죽순] 장아찌

죽순은 칼륨 함량이 높을 뿐만 아니라 단백질이 풍부하다. 번열과 갈증을 해소해주며 몸속의 체액이 순조롭게 돌아가도록 해준다. 원기를 회복시키는 효과도 있다.

재료

죽순	600g

부재료

용기 (유리나 항아리)

간장양념

간장	200ml
물	1200ml
식초	600ml
설탕	600g
소금	80g

채취부위와 시기

잎을 사계절 채취
죽순을 봄에서 초여름에 채취
죽복령(대나무뿌리혹)은 가을에서 겨울 사이에 채취

부위별 활용

잎 말려서 달인 후 차로 이용
죽순 나물, 담금주
죽복령 말려서 달인 후 차로 이용하거나 말려서 담금주

만들기

1 죽순을 억세지기 전에 채취한다.
2 채취한 죽순의 겉잎을 제거한다.
3 알맞은 크기로 잘라 소금물에 살짝 데쳐 물기를 빼준다.
4 용기에 넣고 간장양념을 만들어 끓여 식혀 부어준다.
5 용기의 맨 위를 눌림 돌로 눌러준다.
6 1주일 후에 다시 간장양념을 만들어 부어준다(2회 반복).
7 15일 숙성 후 식용가능하다.

주의할 점 소금물에 데쳐서 물기를 뺀 죽순은 된장 장아찌나 고추장 장아찌로도 이용이 가능하다.

저혈압과 당뇨치료에 좋은

두릅 장아찌

두릅은 저혈압 · 당뇨 · 신경쇠약 · 관절염을 완화하는 효과가 있다. 또한 스트레스 감소와 안정에 효과가 있어 정신계 질환에도 쓰인다.

재료

두릅순 600g

부재료

용기 (유리나 항아리)

간장양념

간장	200ml
물	1200ml
식초	600ml
설탕	600g
소금	80g

채취부위와 시기

두릅순은 봄에 채취

두릅의 줄기와 뿌리는 늦은 가을에서 겨울 사이에 채취

부위별 활용

두릅순 나물이나 장아찌, 생재는 발효액

줄기와 뿌리 잘게 썰어서 말려서 달임, 또는 담금주

만들기

1 연하고 부드러운 두릅순을 채취한다.
2 두릅순의 밑둥을 자르고 마주난 잎을 제거한다.
3 줄기의 잔가시를 제거한다.
4 물에 소금을 넣고 끓으면 두릅을 넣어 데쳐준다.
5 데친 두릅을 햇볕에 살짝 건조시켜 수분을 제거한다.
6 용기에 넣고 간장양념을 만들어 끓여 식혀 부어준다.
7 용기의 맨 위를 눌림 돌로 눌러준다.
8 1주일 후에 다시 간장양념을 만들어 부어준다(2회 반복).
9 15일 숙성 후 식용가능하다.

주의할 점 숙성기간이 길면 재료가 물러져 식감이 떨어질 수 있으니 주의한다.

생손앓이의 특효

둥근털제비꽃 장아찌

둥근털제비꽃은 전초에 해독 · 소염 · 소종 · 지사 · 최토 · 이뇨 등의 효능이 있다. 따라서 불면증 · 변비 · 만성간염 치료에 쓴다. 특히 생손앓이를 고치는 효과가 있으며, 생풀을 짓찧어서 붙이면 뱀 물린 데나 종기에 좋다.

재료

둥근털제비꽃 지상부 …… 600g

부재료

용기 (유리나 항아리)

간장양념

간장 …… 200ml
물 …… 1200ml
식초 …… 600ml
설탕 …… 600g
소금 …… 80g

채취부위와 시기

순을 봄에 채취
꽃과 전초를 여름에 채취
뿌리를 가을에 채취

부위별 활용

순 나물, 장아찌
꽃 차
전초 생재를 발효액
뿌리 말려서 달임

만들기

1 둥근털제비꽃의 뿌리를 남겨두고 지상부만 채취한다.
2 잘 다듬고 씻어서 물기를 빼준다.
3 용기에 넣고 간장양념을 만들어 끓여 식혀 부어준다.
4 용기의 맨 위를 눌림 돌로 눌러준다.
5 1주일 후에 다시 간장양념을 만들어 부어준다(2회 반복).
6 15일 숙성 후 식용가능하다.

각종 통증을 완화하는

땅두릅 장아찌

땅두릅에는 칼륨성분이 많아 염분의 과다섭취로 인한 피해를 막아주고 혈압에 중요한 역할을 한다. 류머티즘성 관절염 · 중풍의 후유증 · 신경통에 효과가 있다. 또한 단백질 · 당질 · 섬유질 · 철분 · 비타민 B1 · B2 · C 의 영양성분과 사포닌도 들어 있어 춘곤증과 피로회복에 좋다.

재료

땅두릅 ······ 600g

부재료

용기 (유리나 항아리)

간장양념

간장 ······ 200ml
물 ······ 1200ml
식초 ······ 600ml
설탕 ······ 600g
소금 ······ 80g

채취부위와 시기

어린 순을 봄에 채취
뿌리를 가을에서 겨울 사이에 채취

부위별 활용

땅두릅순 어린 순을 나물, 장아찌로 이용하고 생재는 발효액
뿌리 말려서 달이거나 말려서 담금주

만들기

1 땅두릅을 준비하여 윗부분의 겉잎을 제거한다.
2 손질한 땅두릅을 소금물에 살짝 데쳐 물기를 빼준다.
3 용기에 넣고 간장양념을 만들어 끓여 식혀 부어준다.
4 용기의 맨 위를 눌림 돌로 눌러준다.
5 1주일 후에 다시 간장양념을 만들어 부어준다(2회 반복).
6 15일 숙성 후 식용가능하다.

주의할 점 숙성기간이 길면 재료가 물러져 식감이 떨어질 수 있으니 주의한다.

해독작용이 있는

망개잎 장아찌

망개잎은 수은이나 납, 카드뮴 같은 중금속 중독을 비롯한 온갖 독을 푸는 작용이 있다. 따라서 어린 잎을 복용하면 몸 안에 있는 온갖 독이 없어질 뿐만 아니라 갖가지 중금속 중독을 예방하고 치료한다.

재료

망개잎 ········ 600g

부재료

용기 (유리나 항아리)

간장양념

간장 ········ 200ml

물 ········ 1200ml

식초 ········ 600ml

설탕 ········ 600g

소금 ········ 80g

채취부위와 시기

잎을 봄에 채취

뿌리를 가을에서 겨울 사이에 채취

부위별 활용

잎 장아찌, 차

뿌리 말려서 달이거나 말려서 담금주

만들기

1 망개잎을 연할 때 채취한다.

2 잘 씻어서 물기를 빼준다.

3 용기에 넣고 간장양념을 만들어 끓여 식혀 부어준다.

4 용기의 맨 위를 눌림 돌로 눌러준다.

5 1주일 후에 다시 간장양념을 만들어 부어준다(2회 반복).

6 15일 숙성 후 식용가능하다.

해독과 어혈을 푸는

머위 장아찌

산머위는 해독과 타박상에 효과가 있으며 어혈을 풀어준다. 잎에 카로티노이드 · 플라보노이드 · 사과산 · 포도산 · 사포닌 성분이 있어서 기침과 가래를 치료하는 효능이 있다. 이외에도 편도선염과 천식에 효과가 있다.

재료

머위 ······ 600g

부재료

용기 (유리나 항아리)

간장양념

간장 ······ 200ml
물 ······ 1200ml
식초 ······ 600ml
설탕 ······ 600g
소금 ······ 80g

채취부위와 시기

여린 잎과 줄기는 봄에 채취
뿌리는 가을에 채취

부위별 활용

잎과 줄기 나물, 쌈, 장아찌
뿌리 말려서 달이거나 말려서 담금주
전초 생재를 발효액

만들기

1 머위를 채취한다.
2 줄기의 부드러운 부분을 잘 씻어서 물기를 빼준다.
3 용기에 넣고 간장양념을 만들어 끓여 식혀 부어준다.
4 용기의 맨 위를 눌림 돌로 눌러준다.
5 1주일 후에 다시 간장양념을 만들어 부어준다(2회 반복).
6 15일 숙성 후 식용가능하다.

주의할 점 머위의 쓴맛을 줄이려면 머위를 살짝 데친 다음 물기를 완전히 제거한 후 간장양념을 한다.

간을 보호하고 해독작용이 있는

미나리 장아찌

미나리는 급성 · 만성간염과 당뇨병 · 고혈압 치료에 효능이 있으며, 해독에도 좋다. 한방에서는 '수근' 이나 ' 수영' 이라 부르는데, 각종 비타민과 몸에 좋은 무기질 · 섬유질이 풍부하게 함유되어 있어 해독과 혈액을 정화시키는데 좋은 효과를 가지고 있다.

재료

미나리 ···· 600g

부재료

용기 (유리나 항아리)

간장양념

간장 ···· 200ml
물 ···· 1200ml
식초 ···· 600ml
설탕 ···· 600g
소금 ···· 80g

채취부위와 시기

연한 잎을 봄에 채취
전초를 여름에 채취

부위별 활용

연한 잎 쌈, 나물, 장아찌
전초 생재를 발효액

만들기

1 청정지역에서 자라는 미나리를 채취한다.
2 잔잎을 제거한 후 잘 씻어서 물기를 빼준다.
3 용기에 넣고 간장양념을 만들어 끓여 식혀 부어준다.
4 용기의 맨 위를 눌림 돌로 눌러준다.
5 1주일 후에 다시 간장양념을 만들어 부어준다(2회 반복).
6 15일 숙성 후 식용가능하다.

각종 통증을 완화시키는

방풍 장아찌

방풍에는 마니톨 · 다당류 · 유기산 · 고미배당체 · 정유 등이 함유되어 있어 순환을 촉진시키고 열을 내리고 풍을 제거하고 통증을 줄이는 효능이 있다. 따라서 류머티즘성 관절염 · 중풍의 후유증 · 신경통에 효과가 있다.

재료

방풍 ······ 600g

부재료

용기 (유리나 항아리)

간장양념

간장 ······ 200ml

물 ······ 1200ml

식초 ······ 600ml

설탕 ······ 600g

소금 ······ 80g

채취부위와 시기

연한 잎을 봄에 채취

뿌리를 가을에 채취

부위별 활용

잎 쌈, 나물, 장아찌

뿌리 말려서 달이거나 말려서 담금주

만들기

1 방풍의 연한 줄기와 잎을 채취한다.

2 채취한 방풍을 잘 씻어서 물기를 빼준다.

3 용기에 넣고 간장양념을 만들어 끓여 식혀 부어준다.

4 용기의 맨 위를 눌림 돌로 눌러준다.

5 1주일 후에 다시 간장양념을 만들어 부어준다(2회 반복).

6 15일 숙성 후 식용가능하다.

기침과 천식을 완화시키는

백선 장아찌

백선은 알레르기성 비염 · 기침 · 천식 · 간염 등에 탁월한 개선 효과가 있다. 백선피는 풍을 제거하고 습한 것을 건조하게 하며, 열을 내리고 관절을 통하게 하며 해독하는 효능이 있다.

재료

백선의 지상부 ········· 600g

부재료

용기 (유리나 항아리)

간장양념

간장 ········· 200ml

물 ········· 1200ml

식초 ········· 600ml

설탕 ········· 600g

소금 ········· 80g

채취부위와 시기

순을 봄에 채취

줄기와 잎을 여름에 채취

뿌리를 가을에 채취

부위별 활용

순 나물, 장아찌

줄기와 잎 생재를 발효액

뿌리 심을 제거한 후에 말려서 달이거나 말려서 담금주

만들기

1 백선이 연할 때 뿌리를 남겨두고 지상부만 채취한다.
2 잘 씻어서 물기를 빼준다.
3 용기에 넣고 간장양념을 만들어 끓여 식혀 부어준다.
4 용기의 맨 위를 눌림 돌로 눌러준다.
5 1주일 후에 다시 간장양념을 만들어 부어준다(2회 반복).
6 15일 숙성 후 식용가능하다.

주의할 점 약간의 독성이 있으므로 나물은 데치고 물에 24시간 담근 후에 요리에 쓴다. 뿌리는 가운데 심을 제거한 후에 사용한다.

피부병과 통증을 완화시키는

병꽃나무순 장아찌

병꽃나무의 꽃은 한방의 약재로 쓰이는데, 두드러기와 피부 가려움증 · 골절 · 산후풍 · 부종 등에 효과가 있으며 새순은 이뇨작용이 있다.

재료

병꽃나무순 ······ 600g

부재료

용기 (유리나 항아리)

간장양념

간장 ······ 200ml
물 ······ 1200ml
식초 ······ 600ml
설탕 ······ 600g
소금 ······ 80g

채취부위와 시기

잎을 봄에 채취
꽃을 여름에 채취
줄기와 뿌리를 가을에 채취
상황버섯은 겨울에 채취

부위별 활용

잎 나물, 장아찌
꽃 차
줄기와 뿌리 말려서 달이거나 말려서 담금주
상황버섯 말려서 달이거나 말려서 담금주

만들기

1 병꽃나무의 새순을 채취하여 손질한다.
2 잘 씻어서 물기를 빼준다.
3 용기에 넣고 간장양념을 만들어 끓여 식혀 부어준다.
4 용기의 맨 위를 눌림 돌로 눌러준다.
5 1주일 후에 다시 간장양념을 만들어 부어준다(2회 반복).
6 15일 숙성 후 식용가능하다.

지혈과 이뇨작용이 있는

비비추 장아찌

비비추는 신체의 기력을 보호한다. 또한 통증을 없애고 염증을 삭히며 피를 멈추고 소변이 잘 나오게 한다. 약용으로 쓰이기도 했지만 치료보다는 식용을 위주로 이용하였다.

재료

비비추의 지상부 ······ 600g

부재료

용기 (유리나 항아리)

간장양념

간장 ······ 200ml
물 ······ 1200ml
식초 ······ 600ml
설탕 ······ 600g
소금 ······ 80g

채취부위와 시기

순을 봄에 채취
전초를 여름에 채취
뿌리를 가을과 겨울에 채취

부위별 활용

순 나물, 장아찌
전초 생재를 발효액
뿌리 말려서 달이거나 말려서 담금주

만들기

1 비비추가 연할 때 뿌리를 남겨두고 채취한다.
2 잘 씻어서 물기를 빼준다.
3 용기에 넣고 간장양념을 만들어 끓여 식혀 부어준다.
4 용기의 맨 위를 눌림 돌로 눌러준다.
5 1주일 후에 다시 간장양념을 만들어 부어준다(2회 반복).
6 15일 숙성 후 식용가능하다.

체중을 줄여주는

빼빼목 장아찌

빼빼목은 먹으면 신선처럼 가벼워진다고 하여 '신선목' 이라 불린다. 살을 빼주며 체중을 줄이는 효과가 있다. 체지방을 분해시켜 주는 효능 뿐만 아니라, 간과 콩팥을 보호하고 천연 이뇨작용을 강화시키므로 복부 및 전신의 살을 빼는데 좋다.

재료

빼빼목의 잎 ········· 600g

부재료

용기 (유리나 항아리)

간장양념

간장 ········· 200ml
물 ········· 1200ml
식초 ········· 600ml
설탕 ········· 600g
소금 ········· 80g

채취부위와 시기

잎을 봄에 채취
줄기를 가을에 채취

부위별 활용

잎 차, 장아찌
줄기 말려서 달이거나 말려서 담금주

만들기

1 빼빼목의 잎이 연할 때 채취한다.
2 잘 씻어서 물기를 빼준다.
3 용기에 넣고 간장양념을 만들어 끓여 식혀 부어준다.
4 용기의 맨 위를 눌림 돌로 눌러준다.
5 1주일 후에 다시 간장양념을 만들어 부어준다(2회 반복).
6 15일 숙성 후 식용가능하다.

갑상선질환을 개선하는

산부추 장아찌

산부추는 갑상선질환을 개선하고, 콩팥기능을 항진한다. 또 해열작용이 있으며 소변빈삭에 치료효과가 있다. 한방에서는 위를 튼튼하게 하고 소변을 자주 보는 증상에 사용하고 있다.
산부추의 잎과 비늘줄기에는 연한 마늘냄새가 나는데, 이는 '알리신(Allicin)' 이라는 향기성분으로 마늘과 부추에서 나는 향과 같은 성분이다. 이 비늘줄기에는 항균작용과 염증제거 작용이 있는 것으로 알려지고 있다.

재료

산부추 ········ 600g

부재료

용기 (유리나 항아리)

간장양념

간장 ········ 200ml
물 ········ 1200ml
식초 ········ 600ml
설탕 ········ 600g
소금 ········ 80g

채취부위와 시기

전초를 봄에 채취
열매는 가을에 채취

부위별 활용

열매 말려서 달이거나 말려서 담금주
전초 나물, 장아찌, 생재를 발효액

만들기

1 산부추를 준비하여 다듬는다.
2 잘 씻어서 물기를 빼준다.
3 용기에 넣고 간장양념을 만들어 끓여 식혀 부어준다.
4 용기의 맨 위를 눌림 돌로 눌러준다.
5 1주일 후에 다시 간장양념을 만들어 부어준다(2회 반복).
6 15일 숙성 후 식용가능하다.

주의할 점 숙성기간이 짧으면 매운맛이 강할 수 있으니 주의한다.

당뇨병 치료에 쓰이는

산뽕잎 장아찌

산뽕잎은 혈당을 억제하고 당뇨병을 예방 · 치료하는 효과가 있으며, 암을 예방하는 효과도 있다고 전해진다. 풍열을 없애고 혈열을 내리며 출혈을 멈추고 눈병을 낫게 한다. 결막염과 고혈압 등에도 사용한다.

재료

산뽕잎 ········· 600g

부재료

용기 (유리나 항아리)

간장양념

간장 ········· 200ml
물 ········· 1200ml
식초 ········· 600ml
설탕 ········· 600g
소금 ········· 80g

채취부위와 시기

잎을 봄과 가을서리 맞을 때 채취
줄기와 뿌리를 가을에서 겨울에 채취

부위별 활용

잎 나물, 장아찌, 생재를 발효액
줄기와 뿌리 말려서 달이거나 말려서 담금주
서리 맞은 잎 말려서 가루낸 후 식용, 말려서 약용
말려서 달인 후 차

만들기

1 산뽕잎을 청정지역에서 채취한다.
2 잘 씻어서 물기를 빼준다.
3 용기에 넣고 간장양념을 만들어 끓여 식혀 부어준다.
4 용기의 맨 위를 눌림 돌로 눌러준다.
5 1주일 후에 다시 간장양념을 만들어 부어준다(2회 반복).
6 15일 숙성 후 식용가능하다.

주의할 점 재료를 소금물에 절인 다음(산뽕잎 소금 장아찌) 먹을 때 각자의 취향에 맞게 양념하여 먹을 수 있다.

구충과 해독작용이 있는

산초 장아찌

산초는 건위 · 정장 · 구충 · 해독작용이 있으므로 소화불량과 식체에 쓰이며, 위하수와 위확장 증세에도 이용된다. 구토 · 이질 · 설사 · 회충구제 등에도 쓰인다. 산초에는 맵고 따뜻한 성질이 있어 몸의 찬 기운을 몰아내므로 수족냉증이나 복부냉증에 좋으며, 천식이나 기침을 제거하는 효과도 있다.

재료

산초의 열매	600g

부재료

용기 (유리나 항아리)

간장양념

간장	200ml
물	1200ml
식초	600ml
설탕	600g
소금	80g

채취부위와 시기

잎을 봄에 채취
열매를 여름에 채취
줄기와 뿌리를 가을에 채취

부위별 활용

잎 나물, 장아찌
열매 익기 직전에 채취하여 장아찌, 익은 열매는 담금주
줄기와 뿌리 말려서 달이거나 말려서 담금주

만들기

1 열매가 익기 전에 산초의 잎과 열매를 같이 채취한다.
2 잔가시를 제거한 후 잘 씻어서 물기를 빼준다.
3 용기에 넣고 간장양념을 만들어 끓여 식혀 부어준다.
4 용기의 맨 위를 눌림 돌로 눌러준다.
5 1주일 후에 다시 간장양념을 만들어 부어준다(2회 반복).
6 15일 숙성 후 식용가능하다.

부인병을 치료하고 항암효과가 있는

삼백초 장아찌

삼백초는 각종 암에 대한 항암효과가 있으며, 생리불순 · 자궁염 등 다양한 부인병에 치료 효과가 있다. 또한 변비를 예방하고 체내의 콜레스테롤 수치를 낮춘다. 염증이나 종기 치료에도 쓰인다.

재료

삼백초의 지상부	600g

부재료

용기 (유리나 항아리)

간장양념

간장	200ml
물	1200ml
식초	600ml
설탕	600g
소금	80g

채취부위와 시기

순을 봄에 채취

전초를 여름에 채취

부위별 활용

순 나물, 장아찌

전초 생재를 발효액, 말려서 달인 후 차

만들기

1 삼백초의 뿌리를 제외한 지상부만 채취한다.

2 잘 씻어서 물기를 빼준다.

3 용기에 넣고 간장양념을 만들어 끓여 식혀 부어준다.

4 용기의 맨 위를 눌림 돌로 눌러준다.

5 1주일 후에 다시 간장양념을 만들어 부어준다(2회 반복).

6 15일 숙성 후 식용가능하다.

피를 맑게하고 피부병을 개선하는

삼채 장아찌

삼채는 섬유소를 함유하고 있으므로 피를 맑게 하고 배변을 촉진하는 기능이 있다. 콜레스테롤의 합성을 억제하고 혈전을 분해하는 작용도 있다. 또한 통증완화와 염증을 삭히는 효과가 강하여 각종 피부병과 아토피 질환을 개선한다.

재료

삼채 ········ 600g

부재료

용기 (유리나 항아리)

간장양념

간장 ········ 200ml

물 ········ 1200ml

식초 ········ 600ml

설탕 ········ 600g

소금 ········ 80g

채취부위와 시기

순을 봄에 채취

전초를 여름에 채취

뿌리를 가을에 채취

부위별 활용

순 나물, 장아찌, 생재를 발효액

전초 생재를 발효액

뿌리 생재를 김치, 장아찌, 말려서 달인 후 차

만들기

1 삼채(봄에는 잎, 가을에는 뿌리)를 채취한다.

2 잘 씻어서 물기를 빼준다.

3 용기에 넣고 간장양념을 만들어 끓여 식혀 부어준다.

4 용기의 맨 위를 눌림 돌로 눌러준다.

5 1주일 후에 다시 간장양념을 만들어 부어준다(2회 반복).

6 15일 숙성 후 식용가능하다.

주의할 점 숙성기간이 짧으면 삼채 특유의 향이 너무 강할 수 있다.

감기와 천식 치료에 효과적인

쑥부쟁이순 장아찌

쑥부쟁이에는 각종 비타민이 풍부한데, 그 중에서도 비타민C가 풍부하고 칼슘 · 인 · 니아신도 풍부하게 함유되어 있다. 면역력을 강화시켜 기침과 가래를 동반한 감기와 천식, 편도선염에 효과가 있으며, 위장을 튼튼하게 하여 소화를 돕는다.

재료

쑥부쟁이 ···················· 600g

부재료

용기 (유리나 항아리)

간장양념

간장 ···················· 200ml
물 ···················· 1200ml
식초 ···················· 600ml
설탕 ···················· 600g
소금 ···················· 80g

채취부위와 시기

어린 순을 이른 봄에 채취
꽃과 전초를 가을에 채취

부위별 활용

어린 순 나물, 장아찌
꽃 차
전초 생재를 발효액

만들기

1 쑥부쟁이의 어린 순을 채취한다.
2 채취한 쑥부쟁이의 순을 잘 씻어서 물기를 빼준다.
3 용기에 넣고 간장양념을 만들어 끓여 식혀 부어준다.
4 용기의 맨 위를 눌림 돌로 눌러준다.
5 1주일 후에 다시 간장양념을 만들어 부어준다(2회 반복).
6 15일 숙성 후 식용가능하다.

주의할 점 쑥부쟁이의 뿌리와 잎을 같이 장아찌로 담가도 좋다.

피로회복과 노화방지에 효과적인

씀바귀 장아찌

씀바귀는 흔히 '고채' 라고 한다. 해열 · 해독 · 건위 · 조혈 · 소종 등의 효능이 있으며, 죽은 살을 배출시키고 새살을 나오게 한다. 피로회복 · 항암 · 노화방지에도 효과적이다.

재료

씀바귀	600g

부재료

용기 (유리나 항아리)

간장양념

간장	200ml
물	1200ml
식초	600ml
설탕	600g
소금	80g

채취부위와 시기

연한 순을 봄에 채취

전초를 여름에 채취

부위별 활용

순 나물, 장아찌

전초 김치, 장아찌, 생재를 발효액

만들기

1 씀바귀를 채취한다

2 잘 씻어서 물기를 빼준다.

3 용기에 넣고 간장양념을 만들어 끓여 식혀 부어준다.

4 용기의 맨 위를 눌림 돌로 눌러준다.

5 1주일 후에 다시 간장양념을 만들어 부어준다(2회 반복).

6 15일 숙성 후 식용가능하다.

주의할 점 씀바귀의 뿌리까지 같이 장아찌로 담가도 좋다.

구토와 설사를 멎게 하는

얼레지 장아찌

얼레지는 소화기관의 작용을 강화하고, 구토감과 설사를 멎게 하는 효능이 있어, 위장염 · 구토 · 설사 · 이질 · 화상 등을 치료한다. 또한 이뇨제나 염증약으로도 쓰이고 있다. 상처 · 부스럼 · 습진 · 화상에 잎을 짓찧어 달인 것을 붙이면 회복된다고 한다.

재료

얼레지 ······ 600g

부재료

용기 (유리나 항아리)

간장양념

간장	200ml
물	1200ml
식초	600ml
설탕	600g
소금	80g

채취부위와 시기

이른 봄 뿌리는 보호하고 잎만 채취

부위별 활용

전초 나물, 장아찌, 발효액

만들기

1 얼레지의 잎을 잘 씻어서 물기를 빼준다.
2 한 잎 한 잎 잘 정리하여 용기에 넣고 간장양념을 만들어 끓여 식혀 부어준다.
3 용기의 맨 위를 눌림 돌로 눌러준다.
4 1주일 후에 다시 간장양념을 만들어 부어준다(2회 반복).
5 15일 숙성 후 식용가능하다.

주의할 점 약간의 독성이 있으므로 삶아서 물에 12시간 정도 우려서 먹는다. 숙성기간이 길수록 부드럽고 연한 맛을 느낄 수 있다.

각종 염증과 신경통을 완화시키는

엄나무순 장아찌

엄나무는 아픔을 멎게 하고 중추신경을 진정시키는 작용이 있으므로, 관절염 · 종기 · 피부병 등 염증질환과 신경통 등을 완화시키는데 효과가 있다. 각종 타박상 · 근육통 · 마비 · 종기 · 종창 · 옴 · 피부병 등을 치료하는 효능이 있다.

재료

엄나무순 ···· 600g

부재료

용기 (유리나 항아리)

간장양념

간장 ···· 200ml
물 ···· 1200ml
식초 ···· 600ml
설탕 ···· 600g
소금 ···· 80g

채취부위와 시기

잎은 이른 봄에 채취
줄기와 뿌리는 가을에서 겨울에 채취

부위별 활용

잎 차, 나물, 장아찌, 생재를 발효액
줄기와 뿌리 말려서 달이거나 말려서 담금주, 백숙의 재료

만들기

1 엄나무순을 연할 때 채취한다.
2 엄나무순의 겉잎을 제거한 후 씻어서 물기를 제거한다.
3 용기에 넣고 간장양념을 만들어 끓여 식혀 부어준다.
4 용기의 맨 위를 눌림 돌로 눌러준다.
5 1주일 후에 다시 간장양념을 만들어 부어준다(2회 반복).
6 15일 숙성 후 식용가능하다.

주의할 점 재료의 향이 강하므로 취향에 따라 소금물에 살짝 데쳐서 물기를 제거한 후 담가도 좋다.

혈액을 맑게 하는

연삼 장아찌

연삼은 당뇨병에 효과가 있다. 연삼에 다른 약초 몇 가지를 넣어 달여 먹으면 당뇨병이 근본적으로 치유된다고 전해지며, 꾸준히 복용하면 기운이 나고 혈액이 맑아지며 밥맛이 좋아진다. 또한 위와 간, 폐를 튼튼하게 한다.

재료

연삼 ······ 600g

부재료

용기 (유리나 항아리)

간장양념

간장 ······ 200ml
물 ······ 1200ml
식초 ······ 600ml
설탕 ······ 600g
소금 ······ 80g

채취부위와 시기

어린 순은 이른 봄에 채취
뿌리는 가을에 채취

부위별 활용

잎 나물, 쌈, 장아찌
뿌리와 전초 말려서 달이거나 말려서 담금주

만들기

1 연삼을 연한 것으로 채취한다.
2 잘 씻어서 물기를 빼준다.
3 용기에 넣고 간장양념을 만들어 끓여 식혀 부어준다.
4 용기의 맨 위를 눌림 돌로 눌러준다.
5 1주일 후에 다시 간장양념을 만들어 부어준다(2회 반복).
6 15일 숙성 후 식용가능하다.

위장을 튼튼하게 하는

예덕나무 장아찌

예덕나무는 강력한 해독작용과 진통 · 소염작용이 있다. 주로 위 · 십이지장의 염증과 궤양을 다스리며, 암종에도 강력한 항암효과가 있어 위암치료에 쓰인다. 위장병 환자들에게 좋은 약초이다.

재료

예덕나무순 ······ 600g

부재료

용기 (유리나 항아리)

간장양념

간장 ······ 200ml

물 ······ 1200ml

식초 ······ 600ml

설탕 ······ 600g

소금 ······ 80g

채취부위와 시기

잎을 봄에 채취

줄기를 가을에 채취

부위별 활용

잎 나물, 장아찌, 생재를 발효액

잔가지 말려서 달인 후 차로 이용하거나 말려서 담금주

만들기

1 예덕나무의 순을 연할 때 채취한다.
2 벌레가 많이 들어 있을 수 있으므로 세심하게 손질한다.
3 식초 물에 씻어서 물기를 빼준다.
4 용기에 넣고 간장양념을 만들어 끓여 식혀 부어준다.
5 용기의 맨 위를 눌림 돌로 눌러준다.
6 1주일 후에 다시 간장양념을 만들어 부어준다(2회 반복).
7 15일 숙성 후 식용가능하다.

강력한 자양강장제

오갈피 장아찌

오갈피는 신경쇠약 · 식욕부진 · 건망증 · 불면증 · 고혈압 · 저혈압 · 정력감퇴 · 노화현상의 병후에 쓰이며, 산후의 자양강장제로도 사용된다. 허약하고 마른 것을 치료하여 살찌게 하고, 근육과 뼈를 튼튼하게 한다. 오랫동안 복용하면 몸이 가뿐해지고 노화가 억제된다고 한다.

재료

오갈피순 ······ 600g

부재료

용기 (유리나 항아리)

간장양념

간장 ······ 200ml

물 ······ 1200ml

식초 ······ 600ml

설탕 ······ 600g

소금 ······ 80g

채취부위와 시기

순을 봄에 채취

열매를 가을에 채취

줄기와 뿌리를 가을에서 겨울에 채취

부위별 활용

순 차, 나물, 장아찌

열매 생재를 발효액, 말려서 달이거나 말려서 담금주

줄기와 뿌리 말려서 달이거나 말려서 담금주

만들기

1 오갈피의 순이 연할 때 채취한다.

2 잘 다듬고 씻어서 물기를 빼준다.

3 용기에 넣고 간장양념을 만들어 끓여 식혀 부어준다.

4 용기의 맨 위를 눌림 돌로 눌러준다.

5 1주일 후에 다시 간장양념을 만들어 부어준다(2회 반복).

6 15일 숙성 후 식용가능하다.

통증을 완화시키고 해독작용이 있는

우산나물 장아찌

우산나물은 거풍 · 제습 · 활혈 · 소종 · 지통 · 해독에 쓴다. 특히 풍으로 인한 마비를 풀어주는 효능이 있다. 또한 관절통증을 없애주며, 피를 원활하게 하고, 부종을 제거한다.

재료

우산나물 ········· 600g

부재료

용기 (유리나 항아리)

간장양념

간장 ········· 200ml

물 ········· 1200ml

식초 ········· 600ml

설탕 ········· 600g

소금 ········· 80g

채취부위와 시기

연한 잎을 봄에 채취

전초를 여름에 채취

부위별 활용

연한 잎 나물, 장아찌

전초 생채를 발효액

만들기

1 우산나물이 연할 때 줄기까지 채취한다.

2 잘 씻어서 물기를 빼준다.

3 용기에 넣고 간장양념을 만들어 끓여 식혀 부어준다.

4 용기의 맨 위를 눌림 돌로 눌러준다.

5 1주일 후에 다시 간장양념을 만들어 부어준다(2회 반복).

6 15일 숙성 후 식용가능하다.

우울증을 완화시키는

원추리 장아찌

원추리는 심신의 불안을 안정시키고 스트레스를 풀어주며 우울증에도 효과가 있다. 또한 폐결핵이나 빈혈, 황달이나 소화기능저하에도 치료제로 쓰인다. 꽃과 뿌리를 차로 이용하면 몸속의 다양한 독을 풀어 주는 효과가 있다.

재료

원추리순	600g

부재료

용기 (유리나 항아리)

간장양념

간장	200ml
물	1200ml
식초	600ml
설탕	600g
소금	80g

채취부위와 시기

잎은 이른 봄에 채취
꽃은 여름에 채취
뿌리는 가을에 채취

부위별 활용

잎 장아찌, 김치, 생재를 발효액
꽃 차
뿌리 말려서 달이거나 말려서 담금주, 차

만들기

1 원추리순을 채취하여 다듬는다.
2 흐르는 물에 살짝 씻어 물기를 제거한다.
3 용기에 넣고 간장양념을 만들어 끓여 식혀 부어준다.
4 용기의 맨 위를 눌림 돌로 눌러준다.
5 1주일 후에 다시 간장양념을 만들어 부어준다(2회 반복).
6 15일 숙성 후 식용가능하다.

해독의 특효

잔대순 장아찌

잔대순으로 장아찌를 담그면 백 가지 독을 푸는 해독제가 된다. 가래를 삭이며 기침을 멎게 한다. 강장 · 기침 · 가래 · 해수 · 천식 · 고혈압에 치료 효과가 있다. 산후 모유부족과 대량출혈 후 맥이 미약하고 손발이 찬 증상에도 효과가 있다.

재료
잔대순 ········· 600g

부재료
용기 (유리나 항아리)

간장양념
간장 ········· 200ml
물 ········· 1200ml
식초 ········· 600ml
설탕 ········· 600g
소금 ········· 80g

채취부위와 시기
잔대순은 이른 봄에 채취
잔대뿌리는 잎이 지는 가을에서 이른 봄까지 채취

부위별 활용
뿌리 말려서 달임, 또는 담금주
전초 이른 봄 생재를 발효액
잔대순 나물이나 장아찌

만들기
1 잔대순의 밑동을 자른다.
2 부드러운 부분을 잘 씻어서 물기를 빼준다.
3 용기에 넣고 간장양념을 만들어 끓여 식혀 부어준다.
4 용기의 맨 위에 눌림돌로 눌러준다.
5 다시 1주일 후 간장을 끓여서 식혀서 부어주기를 2회 더 한다.
6 15일 숙성 후 식용가능하다.

식중독을 예방하는

재피[초피] 장아찌

재피는 한방에서 설사 · 이질 · 위염 · 소화장애 · 회충구제 등의 약으로 쓰이며, 추어탕 · 김치 · 매운탕 등에 넣어 비린내를 제거하거나 독특한 향을 내는데도 이용된다. 특히, 균을 죽이는 능력이 탁월하며 식중독균 처리에 효과가 있다.

재료

재피의 잎 ········· 600g

부재료

용기 (유리나 항아리)

고추장양념

고추장 ········· 400ml
발효액 ········· 100ml
물엿 ········· 60g

채취부위와 시기

잎은 봄에 채취
줄기와 뿌리는 가을에서 겨울까지 채취

부위별 활용

잎 나물, 장아찌
열매 양념, 말려서 담금주
뿌리 말려서 달이거나 말려서 담금주

만들기

1 어린 재피 잎을 채취한다.
2 흐르는 물에 살짝 씻어 물기를 빼준다 .
3 용기에 준비한 재료를 넣고 고추장양념으로 골고루 무쳐준다.
4 15일 숙성 후 식용가능하다.

체내의 열을 제거하고 시력증진을 돕는

질경이 장아찌

질경이는 소변이 잘 나오게 하고 열을 제거하며 시력을 좋게 하고 가래를 없애는 효과가 있다. 감기와 기침을 예방하고 간기능 향상에 도움을 주며, 변비를 해소한다.

재료

질경이	600g

부재료

용기 (유리나 항아리)

간장양념

간장	200ml
물	1200ml
식초	600ml
설탕	600g
소금	80g

채취부위와 시기

잎을 봄에 채취
전초를 여름에 채취
종자를 가을에 채취

부위별 활용

잎 나물, 장아찌
전초 생재를 발효액, 말려서 달임
종자 말려서 달이거나 말려서 담금주

만들기

1 청정지역에서 자란 질경이를 뿌리를 제외한 지상부만 채취한다.
2 잘 씻어서 물기를 빼준다.
3 용기에 넣고 간장양념을 만들어 끓여 식혀 부어준다.
4 용기의 맨 위에 눌림돌로 눌러준다.
5 다시 1주일 후 간장을 끓여서 식혀서 부어주기를 2회 더 한다.
6 15일 숙성 후 식용가능하다.

지혈과 소염작용이 있는

짚신나물 장아찌

짚신나물의 전초를 '선학초' 라고 부르는데, 지혈하고 소염하는 효능이 있다. 각혈 · 토혈 · 혈뇨 · 혈변 · 적백리 · 자궁출혈 · 대하 · 타박상을 치료한다.

재료

짚신나물	600g

부재료

용기 (유리나 항아리)

간장양념

간장	200ml
물	1200ml
식초	600ml
설탕	600g
소금	80g

채취부위와 시기

순을 봄에 채취
전초를 여름에 채취
뿌리를 가을에 채취

부위별 활용

순 나물, 장아찌
전초 생재를 발효액
뿌리 말려서 달이거나 말려서 담금주

만들기

1 짚신나물이 연할 때 지상부만을 채취한다.
2 잘 다듬고 씻어서 물기를 빼준다.
3 용기에 넣고 간장양념을 만들어 끓여 식혀 부어준다.
4 용기의 맨 위에 눌림돌로 눌러준다.
5 다시 1주일 후 간장을 끓여서 식혀서 부어주기를 2회 더 한다.
6 15일 숙성 후 식용가능하다.

혈액순환을 촉진시키는

찔레순 장아찌

찔레순은 혈액순환을 촉진시켜 성장기와 갱년기에 좋으며, 야뇨증에도 효과가 있다. 찔레새순에는 생장조절 호르몬이 들어 있어 어린이의 성장 발육에 좋다고 알려져 있으며, 꾸준히 먹으면 변비 · 수종 · 어혈 등이 제거된다.

재료

찔레순	600g

부재료

용기 (유리나 항아리)

간장양념

간장	200ml
물	1200ml
식초	600ml
설탕	600g
소금	80g

채취부위와 시기

어린 순은 이른 봄에 채취
뿌리는 가을에 채취
버섯은 겨울에 채취

부위별 활용

어린 순 차, 나물, 장아찌, 생재는 발효액
열매 말려서 달이거나 생재를 담금주
찔레버섯 말려서 달이거나 말려서 담금주

만들기

1 찔레순을 연한 것으로 채취한다.
2 잔가시를 제거하고 잘 씻어서 물기를 빼준다.
3 용기에 넣고 간장양념을 만들어 끓여 식혀 부어준다.
4 용기의 맨 위에 눌림돌로 눌러준다.
5 다시 1주일 후 간장을 끓여서 식혀서 부어주기를 2회 더 한다.
6 15일 숙성 후 식용가능하다.

신경통과 중풍을 예방하는

참나물 장아찌

참나물에는 비타민 · 철분 · 칼슘 등이 풍부해 고혈압 · 뇌졸중 · 중풍을 예방하고 대하증과 신경통에 치료 효과가 있다. 지혈 · 해열제로도 쓰인다. 베타카로틴이 풍부해 시력회복, 안구건조증 예방에 도움을 주고 간기능 강화에도 좋다. 식이섬유가 풍부하여 변비해소에 도움을 주며, 칼로리가 낮아 다이어트에도 좋다.

재료

참나물의 지상부 ··· 600g

부재료

용기 (유리나 항아리)

간장양념

간장 ··· 200ml
물 ··· 1200ml
식초 ··· 600ml
설탕 ··· 600g
소금 ··· 80g

채취부위와 시기

순을 봄에 채취
전초를 여름에 채취

부위별 활용

순 나물, 쌈, 장아찌
전초 생재를 발효액, 말려서 달임

만들기

1 참나물이 억세지기 전에 지상부만 채취한다.
2 잘 씻어서 물기를 빼준다.
3 용기에 넣고 간장양념을 만들어 끓여 식혀 부어준다.
4 용기의 맨 위에 눌림돌로 눌러준다.
5 다시 1주일 후 간장을 끓여서 식혀서 부어주기를 2회 더 한다.
6 15일 숙성 후 식용가능하다.

혈액순환과 통증억제 효과가 있는

참취 장아찌

참취는 미네랄이 풍부한 약초로 칼륨 · 칼슘 · 철분의 함량이 높아 혈액순환촉진 · 진통 · 장염치료 · 요통개선에 효과가 있다. 또한 간의 해독에도 좋고, 두뇌활동을 향상시켜 준다.

재료

참취 ······ 600g

부재료

용기 (유리나 항아리)

간장양념

간장 ······ 200ml
물 ······ 1200ml
식초 ······ 600ml
설탕 ······ 600g
소금 ······ 80g

채취부위와 시기

잎을 봄에 채취
전초를 여름에 채취
뿌리를 가을에 채취

부위별 활용

잎 나물, 쌈, 장아찌
전초 생재를 발효액
뿌리 말려서 달이거나 말려서 담금주

만들기

1 참취를 뿌리를 남겨두고 채취한다.
2 잘 씻어서 물기를 빼준다.
3 용기에 넣고 간장양념을 만들어 끓여 식혀 부어준다.
4 용기의 맨 위에 눌림돌로 눌러준다.
5 다시 1주일 후 간장을 끓여서 식혀서 부어주기를 2회 더 한다.
6 15일 숙성 후 식용가능하다.

해열과 이뇨작용이 있는

칡잎 장아찌

칡잎은 해열 · 발한의 효능과 혈압을 떨어뜨리는 작용을 한다. 고혈압이나 당뇨 · 편도선염에 좋으며, 이뇨작용이 있어서 소변을 잘 나오게 하고 변비해소에도 좋다. 수종에도 효과가 있다.

재료

칡잎 ········ 600g

부재료

용기 (유리나 항아리)

간장양념

간장 ········ 200ml
물 ········ 1200ml
식초 ········ 600ml
설탕 ········ 600g
소금 ········ 80g

채취부위와 시기

잎을 봄에 채취
줄기와 잎을 여름에 채취
뿌리를 가을에서 겨울에 채취

부위별 활용

잎 나물, 장아찌
잎과 줄기 생재를 발효액
뿌리 생재를 즙액, 말려서 달이거나 말려서 담금주

만들기

1 칡잎이 연할 때 채취한다.
2 잘 씻어서 물기를 빼준다.
3 용기에 넣고 간장양념을 만들어 끓여 식혀 부어준다.
4 용기의 맨 위에 눌림돌로 눌러준다.
5 다시 1주일 후 간장을 끓여서 식혀서 부어주기를 2회 더 한다.
6 15일 숙성 후 식용가능하다.

성인병을 예방하는

표고버섯 장아찌

표고버섯은 비타민D 성분의 함량이 높기 때문에 칼슘의 흡수를 도와서 뼈를 더욱 튼튼하게 한다. 또한 혈압 · 심장병 · 동맥경화 등 성인병의 원인인 혈중 콜레스테롤을 감소시키므로 현대의 성인병을 치료하고 예방하는데 좋은 효과가 있다.

재료

표고버섯 ······ 600g

부재료

용기 (유리나 항아리)

간장양념

간장	200ml
물	1200ml
식초	600ml
설탕	600g
소금	80g

채취부위와 시기

버섯을 여름에서 가을 사이에 채취

부위별 활용

전초 말려서 나물, 말려서 장아찌, 말려서 담금주, 썰어 말려서 다싯물

만들기

1 표고버섯을 채취한 후 기둥 부분을 다듬어 준다.
2 손질한 표고버섯을 잘 씻어서 햇볕에 말린다. (식감을 좋게 하기 위한 것)
3 용기에 넣고 간장양념을 만들어 끓여 식혀 부어준다.
4 용기의 맨 위에 눌림돌로 눌러준다.
5 다시 1주일 후 간장을 끓여서 식혀서 부어주기를 2회 더 한다.
6 15일 숙성 후 식용가능하다.

주의할 점 너무 오래 숙성시키면 장아찌가 물러질 수 있으니 주의한다.

알코올 중독을 풀어 주는

헛개나무잎 장아찌

헛개나무의 잎은 간장 질환을 개선하고 알코올 중독을 해소하며 혈액순환을 촉진한다. 특히 술독을 푸는 데 매우 좋은 효과를 보인다. 또한 이뇨작용이 탁월하며 변비를 없애주고 뱃속을 편안하게 한다.

재료

헛개나무잎	600g

부재료

용기 (유리나 항아리)

간장양념

간장	200ml
물	1200ml
식초	600ml
설탕	600g
소금	80g

채취부위와 시기

잎을 봄에 채취
열매를 가을에 채취
줄기를 가을에서 겨울 사이에 채취

부위별 활용

잎 차, 장아찌
열매 생재를 발효액, 말려서 달이거나 말려서 담금주
줄기 말려서 달이거나 말려서 담금주

만들기

1 헛개나무의 잎이 연할 때 채취한다.
2 줄기를 제거하고 잘 씻어서 물기를 빼준다.
3 용기에 넣고 간장양념을 만들어 끓여 식혀 부어준다.
4 용기의 맨 위에 눌림돌로 눌러준다.
5 다시 1주일 후 간장을 끓여서 식혀서 부어주기를 2회 더 한다.
6 15일 숙성 후 식용가능하다.

항균과 항바이러스 효과가 있는

호장근 장아찌

호장근은 항균 · 항바이러스 효과가 있으며, 진해 · 평천 · 보간 · 화상에 치료 효과가 있다. 또한 어혈을 풀어주어 타박상과 팔다리 통증에 특히 좋으며, 골수염 · 임질 · 황달 · 간염 · 월경불순 · 종기 · 치질 등의 치료약으로 사용한다.

재료

호장근잎과 줄기 ··········· 600g

부재료

용기 (유리나 항아리)

간장양념

간장 ··········· 200ml
물 ··········· 1200ml
식초 ··········· 600ml
설탕 ··········· 600g
소금 ··········· 80g

채취부위와 시기

잎을 봄에 채취
줄기와 잎을 여름에 채취
뿌리를 가을과 겨울에 채취

부위별 활용

잎 나물, 장아찌
잎과 줄기 생재를 발효액
뿌리 말려서 달이거나 말려서 담금주

만들기

1 호장근의 잎과 줄기가 억세지기 전에 채취한다.
2 잘 씻어서 물기를 빼준다.
3 용기에 넣고 간장양념을 만들어 끓여 식혀 부어준다.
4 용기의 맨 위에 눌림돌로 눌러준다.
5 다시 1주일 후 간장을 끓여서 식혀서 부어주기를 2회 더 한다.
6 15일 숙성 후 식용가능하다.

당뇨병을 예방하는

홀잎[화살나무] 장아찌

화살나무의 순은 혈당강하 · 당뇨병 · 산후질환에 효과가 있다.
또한 혈액순환을 좋게 하고 어혈을 풀어주며,
정신을 안정시켜 주는 효과를 보인다.
한방이나 민간에서는 여성의 자궁출혈과
대하 · 어혈을 없애는 약으로 쓴다.

재료

홀잎 (화살나무순) 600g

부재료

용기 (유리나 항아리)

고추장양념

고추장 400ml

발효액 100ml

물엿 60g

채취부위와 시기

잎은 봄에 채취

줄기와 뿌리는 가을에서 겨울까지 채취

부위별 활용

잎 차, 나물, 장아찌

뿌리 말려서 달이거나 말려서 담금주

만들기

1 홀잎(화살나무순)이 연할 때 채취한다.
2 채취한 홀잎을 살짝 씻어 물기를 제거한다.
3 용기에 준비한 재료를 넣고 고추장양념으로 골고루 무쳐준다.
4 15일 숙성 후 식용가능하다.

둘째,

여름철 장아찌

장아찌는 여름 밥상에 어울리는 반찬이다.

나른하고 입맛을 잃었을 때가 바로

짭짤한 장아찌가 위력을 발휘하는 순간이기 때문이다.

피로회복과 이뇨를 돕는

다래 장아찌

다래는 비타민 · 유기산 · 당분 · 단백질 · 인 · 나트륨 · 칼륨 · 마그네슘 · 칼슘 · 철분 · 카로틴 등이 풍부하고, 특히 비타민C가 풍부하여 간을 보호하며 열을 내리고 갈증을 멈춘다. 또한 피로회복에 좋으며, 이뇨작용이 있어 부종을 제거한다.

재료

다래 ········ 600g

부재료

용기 (유리나 항아리)

간장양념

간장	200ml
물	1200ml
식초	600ml
설탕	600g
소금	80g

채취부위와 시기

수액을 이른 봄에 채취

순을 봄에 채취

열매를 여름에 채취

줄기를 가을에 채취

부위별 활용

수액 음료

순 차, 나물, 묵나물, 장아찌

열매 생재를 발효액, 장아찌

줄기 말려서 달이거나 말려서 담금주

만들기

1 다래를 완전히 익기 전에 채취한다.

2 잘 씻어서 반으로 자른다.

3 소쿠리에 담아 물기를 빼준다.

4 용기에 넣고 간장양념을 만들어 끓여 식혀 부어준다.

5 용기의 맨 위를 눌림 돌로 눌러준다.

6 1주일 후에 다시 간장양념을 만들어 부어준다(2회 반복).

7 15일 숙성 후 식용가능하다.

피로회복에 좋은

매실 장아찌

매실은 설사 · 신경통 · 기침과 가래를 진정시키고 피로회복에도 효과가 있다.
특히 체내의 독소를 제거하는 데에 효과적이다.
동의보감에서는 매실이 해독작용을 하고 열을 내리게 하며,
마음을 평온하게 하고 갈증과 설사에 좋다고 기록되어 있다.

재료

매실 ······ 600g

부재료

용기 (유리나 항아리)

고추장양념

고추장 ······ 400ml

발효액 ······ 100ml

물엿 ······ 60g

절임용 설탕 ······ 60g

채취부위와 시기

꽃을 봄에 채취

열매를 여름에 채취

부위별 활용

꽃 차

열매 생재를 식초나 발효액, 장아찌

만들기

1 매실이 싱싱할 때 채취한다.

2 잘 씻어서 씨를 제거한다.
(과육을 십자로 칼로 그은 후 방망이로 두드려 씨앗을 뺀다)

3 설탕에 절여 5~6시간 후 빠져나온 수분을 따라낸다.

4 용기에 재료를 넣고 고추장양념을 골고루 무쳐준다.

5 15일 숙성 후 식용가능하다.

사지마비를 풀어주는

천마 장아찌

천마는 반신불수와 사지마비를 풀어주고
혈압과 두뇌질환 개선에 효과가 있다.
한방에서는 풍을 가라앉히거나
팔다리의 마비,
두통이나 어지러움증이 있을 때 쓴다.

재료

천마 ········ 600g

부재료

용기 (유리나 항아리)

고추장양념

고추장 ········ 400ml
발효액 ········ 100ml
물엿 ········ 60g
절임용 설탕 ········ 60g

채취부위와 시기

뿌리를 늦은 봄 꽃대가 올라올 때와 가을에 채취

부위별 활용

뿌리 생재를 주스나 발효액, 말려서 담금주

만들기

1 천마를 잘 씻어 물기를 제거하고 알맞은 크기로 잘라 준다.
2 설탕에 절여 5~6시간 후 빠져나온 수분을 따라낸다.
3 용기에 준비한 재료를 넣고 고추장양념으로 골고루 무쳐준다.
4 15일 숙성 후 식용가능하다.

주의할 점 취향에 따라 된장 장아찌로 담가도 좋다.

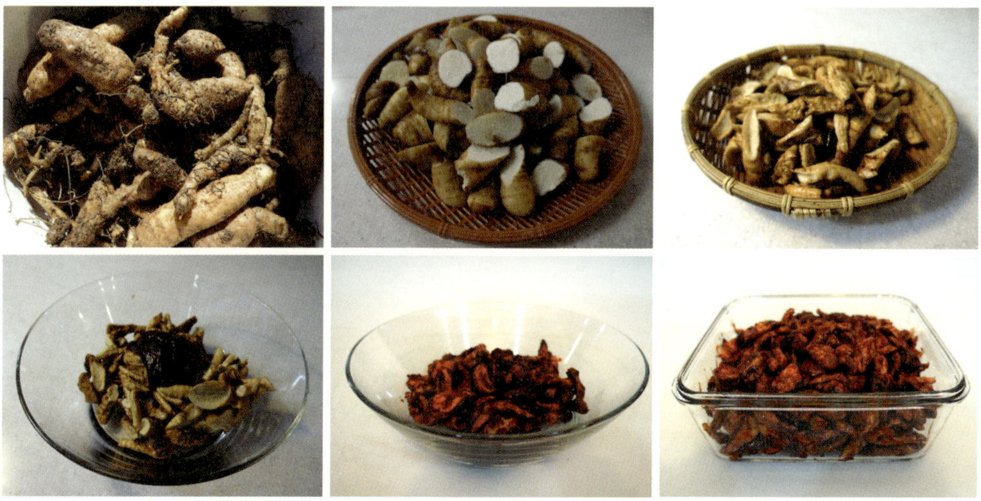

셋째,

가을철 장아찌

우리 조상들은 봄부터 가을까지 제철음식을 즐겼는데,
풍성한 수확의 계절인 가을에는 다양한 약초가 채취되는 만큼
가을 햇살을 머금은 맛있는 장아찌를 만들었다.

고혈압과 당뇨병을 예방하는

감 장아찌

감에는 비타민A와 C가 풍부하게 들어 있어 환절기나 겨울에 먹으면 감기를 예방한다. 더불어 중풍 · 고혈압 · 심장병 · 당뇨병을 예방하는 효과가 있다. 떫은 감에는 탄닌이 함유되어 있어 모세혈관을 건강하게 만들기 때문에 고혈압이나 뇌출혈 치료에 도움이 된다.

재료

감	600g

부재료

용기 (유리나 항아리)

간장양념

고추장	400ml
발효액	100ml
물엿	60g
절임용 소금	30g

채취부위와 시기

꽃을 봄에 채취

열매를 가을에 채취

부위별 활용

꽃 차

열매 장아찌, 곶감, 생재를 식초나 발효액

만들기

1 감이 완전히 익기 전에 채취한다.

2 잘 씻은 후 4등분한다.

3 소금에 절여 5~6시간 후 건져낸다.

4 흐르는 물에 살짝 씻어 햇볕에 24시간 말린다(수분건조).

5 용기에 준비한 재료를 넣고 고추장양념을 골고루 무쳐준다.

6 15일 숙성 후 식용가능하다.

주의할 점 덜 익은 감으로 장아찌를 담그면 아삭한 맛을 더 즐길 수 있다.
된장 장아찌로 담가도 좋다.

진해와 거담작용이 있는

더덕 장아찌

더덕에는 사포닌이 함유되어 있어 피로회복을 촉진한다.
진해와 거담작용이 있어 기침과 천식에 효과적이며,
폐 기능도 원활하게 한다.
염증치료와 피부해독, 강장기능 향상에도 좋다.
고혈압과 콜레스테롤을 제거하는데도 쓰인다.

재료

더덕 ········ 600g

부재료

용기 (유리나 항아리)

고추장양념

고추장 ········ 400ml
발효액 ········ 100ml
물엿 ········ 60g

채취부위와 시기

전초를 봄에 채취
뿌리를 가을에서 겨울 사이에 채취

부위별 활용

전초 생재를 발효액
뿌리 생재를 발효액, 썰어서 꿀차, 장아찌
말려서 달이거나 말려서 담금주

만들기

1 더덕을 채취하여 솔로 문질러서 잘 씻는다.
2 손질한 더덕을 끓는 물에 살짝 데친다.
3 더덕에 칼집을 내어 껍질을 벗긴다.
4 먹기 좋은 크기로 잘라서 말린다.
5 용기에 준비한 재료를 넣고 고추장양념으로 골고루 무쳐준다.
6 15일 숙성 후 식용가능하다.

주의할 점 취향에 따라 된장 장아찌로 담가도 좋다.

당뇨치료에 쓰이는

돼지감자 장아찌

돼지감자에는 이눌린이라는 성분이 있어 체지방을 분해하기 때문에 다이어트에 도움이 되며, 당뇨치료에 큰 효과가 있다. 또한 식이섬유가 많이 함유되어 있어 장의 활동을 활발하게 하고 변비를 개선한다. 골절이나 타박상 치료, 해열과 지혈에도 효과가 있다.

재료

돼지감자	600g

부재료

용기 (유리나 항아리)

간장양념

간장	200ml
물	1200ml
식초	600ml
설탕	600g
소금	80g

채취부위와 시기

잎을 봄에 채취
뿌리를 가을에서 겨울 사이에 채취

부위별 활용

연한 잎 나물, 생재를 발효액

뿌리 김치, 장아찌, 생재를 발효액
잘라 말려서 달이거나 말려서 담금주

만들기

1 돼지감자의 뿌리를 채취하여 씻어 물기를 빼준다.
2 큰 것은 알맞은 크기로 자르고, 작은 것은 통으로 준비한다.
3 용기에 넣고 간장양념을 만들어 끓여 식혀 부어준다.
4 용기의 맨 위를 눌림 돌로 눌러준다.
5 1주일 후에 다시 간장양념을 만들어 부어준다(2회 반복).
6 15일 숙성 후 식용가능하다.

주의할 점 숙성기간이 오래될수록 재료에 양념이 잘 배어든다.

기관지를 다스리는

산도라지 장아찌

산도라지에는 탄수화물 · 칼슘 · 인 · 철 · 비타민B와 C · 섬유질 · 사포닌 성분이 함유되어 있다. 때문에 가래 · 기침 · 기관지염을 다스리며 기력을 돋운다고 전해진다. 위의 염증이나 궤양을 억제하고, 면역기능을 높이는 효과도 있다.

재료

산도라지의 뿌리 ········· 600g

부재료

용기 (유리나 항아리)

고추장양념

고추장 ········· 400ml

발효액 ········· 100ml

물엿 ········· 60g

채취부위와 시기

순을 봄에 채취

꽃을 여름에 채취

뿌리를 가을에 채취

부위별 활용

순 나물, 장아찌, 발효액

꽃 차

뿌리 생재를 나물, 장아찌, 말려서 달이거나 말려서 담금주

만들기

1 도라지를 채취하여 껍질째 살짝 씻어 물기를 제거한다.

2 칼집을 넣어 자른다.
(통째로 담그면 양념이 잘 묻지 않는다)

3 용기에 재료를 넣고 고추장양념으로 골고루 무쳐준다.

4 15일 숙성 후 식용가능하다.

주의할 점 쫄깃한 맛을 원할 경우 도라지를 살짝 말려서 담그면 좋다.

자양강장과 피로회복에 효과적인

연근 장아찌

연근은 모세혈관을 강화하고, 자양강장과 피로회복에 효과가 있다. 위장병과 고혈압 치료에도 쓰인다. 출혈성 위궤양이나 위염에 쓰면 좋으며, 치질 · 충혈 · 설사 · 야뇨증에도 이용한다. 특히 저혈압인 사람에게 좋다.

재료

연근 ········· 600g

부재료

용기 (유리나 항아리)

된장양념

된장 ········· 300ml

발효액 ········· 30ml

물엿 ········· 15g

절임용 소금 ········· 30g

채취부위와 시기

잎을 봄에에 채취, 꽃을 여름에 채취

뿌리를 가을에 채취, 열매를 늦가을에 채취

부위별 활용

잎 차, 밥

꽃 차

뿌리 생재를 주스, 부침, 조림, 장아찌

열매 말려서 담금주, 약용

만들기

1 연근을 준비하여 잘 씻어 겉껍질을 제거한다.
(껍질째 이용해도 무방하다)

2 소금물에 살짝 데쳐 수분을 제거한다.

3 용기에 재료를 넣고 된장(또는 고추장)양념으로 골고루 무쳐준다.

4 15일 숙성 후 식용가능하다.

주의할 점 취향에 따라 고추장 장아찌로 담가도 좋다.

자음과 양혈 효과가 있는

지황 장아찌

지황은 자음과 양혈 효과가 있으며 피부병과 전염성 간염 치료에 효과가 있다. 생지황은 열을 식히고 혈열을 삭히는 청열양혈작용, 진액을 생성하고 갈증을 없애는 생진지갈작용이 있다. 건지황은 음기를 보하는 보음작용과 혈을 생성케 하는 양혈작용, 혈열을 식히는 양혈작용이 있으며, 숙지황은 혈을 도우는 보혈작용과 음기를 기르는 자음작용, 정액과 척수를 보하는 보정익수작용이 있다.

재료

지황 ······ 600g

부재료

용기 (유리나 항아리)

간장양념

간장 ······ 200ml

물 ······ 1200ml

식초 ······ 600ml

설탕 ······ 600g

소금 ······ 80g

채취부위와 시기

전초를 이른 봄에 채취

뿌리를 가을에서 겨울까지 채취

부위별 활용

전초 생재를 발효액

뿌리 생재를 장아찌, 생재를 발효액, 쪄내고 말려서 달이거나 말려서 담금주

만들기

1 지황을 채취하여 씻어서 물기를 빼준다.
2 용기에 넣고 간장양념을 만들어 끓여 식혀 부어준다.
3 용기의 맨 위에 눌림돌로 눌러준다.
4 다시 1주일 후 간장을 끓여서 식혀서 부어주기를 2회 더 한다.
5 15일 숙성 후 식용가능하다.

열을 내리고 기침을 멈추는

천문동 장아찌[고추장]

천문동은 폐와 신의 음을 보하고 열을 내리며 기침을 멈추게 하는 효능이 있다.
천문동에는 폐의 건강에 도움되는 스테로이드와 클리코시드라는 성분이 함유되어 있어 폐를 건강하게 하며 천식에도 좋은 효과가 있다. 또한 폐를 보호하기 때문에 기력이 떨어졌을 때 먹으면 힘이 생긴다.

재료

천문동의 뿌리 ······ 600g

부재료

용기 (유리나 항아리)

고추장양념

고추장 ······ 400ml

발효액 ······ 100ml

물엿 ······ 60g

채취부위와 시기

뿌리를 가을에 채취

부위별 활용

뿌리 장아찌, 생재를 발효액,
심을 제거한 후 말려서 차나 말려서 담금주

만들기

1. 천문동의 뿌리를 채취한다.
2. 잘 씻어서 끓는 물에 살짝 데친 후 껍질을 제거한다.
(생재는 껍질이 잘 벗겨지지 않는다)
3. 뿌리를 반으로 갈라 가운데 심을 제거한다.
4. 살짝 말려 수분을 빼준다.
5. 용기에 준비한 재료를 넣고 고추장양념으로 골고루 무쳐준다.
6. 15일 숙성 후 식용가능하다.

주의할 점 취향에 따라 된장 장아찌로 담가도 좋다.

열을 내리고 기침을 멈추는

천문동 장아찌[된장]

천문동은 폐와 신의 음을 보하고 열을 내리며 기침을 멈추게 하는 효능이 있다. 천문동에는 폐의 건강에 도움되는 스테로이드와 클리코시드라는 성분이 함유되어 있어 폐를 건강하게 하며 천식에도 좋은 효과가 있다. 또한 폐를 보호하기 때문에 기력이 떨어졌을 때 먹으면 힘이 생긴다.

재료

천문동의 뿌리 ···· 600g

부재료

용기 (유리나 항아리)

된장양념

된장 ···· 300ml
발효액 ···· 30ml
물엿 ···· 15g

채취부위와 시기

뿌리를 가을에 채취

부위별 활용

뿌리 장아찌, 생재를 발효액,
심을 제거한 후 말려서 차나 말려서 담금주

만들기

1 천문동의 뿌리를 채취한다.
2 잘 씻어서 끓는 물에 살짝 데친 후 껍질을 제거한다.
(생재는 껍질이 잘 벗겨지지 않는다)
3 뿌리를 반으로 갈라 가운데 심을 제거한다.
4 살짝 말려 수분을 빼준다.
5 용기에 준비한 재료를 넣고 된장양념으로 골고루 무쳐준다.
6 15일 숙성 후 식용가능하다.

주의할 점 천문동은 뿌리 속의 심에 독성이 있으므로 심을 제거한 후에 이용한다.

뇌력증진에 좋은

초석잠 장아찌[골뱅이형]

초석잠은 '석잠풀' 이라고도 하는데, 누에와 비슷하게 생겨 '땅속의 누에' 라고 불린다. 뇌기능을 활성시키는 콜린과 페닐에타노이드라는 성분이 있어 기억력을 증진시키고 치매를 예방한다. 또한 올리고당을 함유하고 있어 장속의 유익한 세균을 길러서 장기능을 향상시킨다.
골뱅이형 초석잠은 누에형 초석잠의 개량형으로 성분과 효능의 차이는 크게 없다.

재료

초석잠 (골뱅이형)	600g

부재료

용기 (유리나 항아리)

간장양념

간장	200ml
물	1200ml
식초	600ml
설탕	600g
소금	80g

채취부위와 시기

순을 봄에 채취
줄기와 잎을 여름에 채취
뿌리를 가을에서 겨울에 채취

부위별 활용

순 나물, 장아찌
잎과 줄기 생재를 발효액
뿌리 말려서 차, 말려서 달이거나 말려서 담금주, 생재를 발효액

만들기

1 초석잠(골뱅이형)을 잘 씻어서 물기를 빼준다.
2 용기에 넣고 간장양념을 만들어 끓여 식혀 부어준다.
3 용기의 맨 위에 눌림돌로 눌러준다.
4 다시 1주일 후 간장을 끓여서 식혀서 부어주기를 2회 더 한다.
5 15일 숙성 후 식용가능하다.

주의할 점 취향에 따라 고추장 장아찌, 된장 장아찌로 담가도 좋다.

자양강장에 좋은

초석잠 장아찌[누에형]

초석잠은 '석잠풀' 이라고도 하는데, 누에와 비슷하게 생겨 '땅속의 누에' 라고 불린다. 뇌기능을 활성시키는 콜린과 페닐에타노이드라는 성분이 있어 기억력을 증진시키고 치매를 예방한다. 또한 올리고당을 함유하고 있어 장속의 유익한 세균을 길러서 장기능을 향상시킨다.

재료

초석잠 (누에형) ········ 600g

부재료

용기 (유리나 항아리)

된장양념

된장	300ml
발효액	30ml
물엿	15g
절임용 설탕	60g

채취부위와 시기

순을 봄에 채취
줄기와 잎을 여름에 채취
뿌리를 가을에서 겨울에 채취

부위별 활용

순 나물, 장아찌
잎과 줄기 생재를 발효액
뿌리 말려서 차, 말려서 달이거나 말려서 담금주, 생재를 발효액

만들기

1 초석잠(누에형)을 채취하여 실뿌리를 제거한다.
2 잘 씻어 물기를 빼준다.
3 설탕에 절여 5~6시간 후 건더기를 건져낸다.
4 우러나온 물을 빼준다.
5 용기에 준비한 재료를 넣고 된장양념으로 골고루 무쳐준다.
6 15일 숙성 후 식용가능하다.

주의할 점 취향에 따라 고추장 장아찌, 간장 장아찌로 담가도 좋다.

면역기능을 높이는

황정 장아찌

황정은 보약으로서 효능이 크다. 위장과 비장의 기(氣)가 허(虛)하거나, 온몸이 나른할 때나 병후 허약할 때 사용하면 좋은 효과가 있다. 면역기능을 증진시키고 노화를 방지한다. 고지혈증 치료에도 쓰인다.

재료

황정의 뿌리 ······ 600g

부재료

용기 (유리나 항아리)

된장양념

된장 ······ 300ml
발효액 ······ 30ml
물엿 ······ 15g
절임용 설탕 ······ 60g

채취부위와 시기

전초를 봄에서 여름에 채취
뿌리를 가을에 채취

부위별 활용

전초 생재를 발효액
뿌리 생재를 발효액, 장아찌, 말려서 달이거나 말려서 담금주

만들기

1 황정의 뿌리를 채취하여 잔뿌리를 제거한다.
2 잘 씻어서 물기를 제거한다.
3 먹기 좋은 크기로 잘라서 설탕에 살짝 절인다.
4 5~6시간 후에 씻어서 쫄깃해질 때까지 말린다.
5 용기에 준비한 재료를 넣고 된장양념으로 골고루 무쳐준다.
6 15일 숙성 후 식용가능하다.

주의할 점 취향에 따라 고추장 장아찌로 담가도 좋다.

산꾼의 약초방

하루 종일 산을 헤매고 다녀도 지치지 않고, 약초 한 뿌리 만나지 못하는 날에도 감사할 수 있음은 몸과 마음이 건강하기 때문입니다. 오늘을 살아가는 우리는 예전에 비해 너무나도 많은 음식을 섭취하며 그에 따른 여러 가지 질병에 시달리고 있습니다. 이런 때에는 어떤 새로운 보약보다 우리 몸에 쌓인 화학성분과 유해물질을 배출시키고 분해시킬 수 있는 토종약초의 역할이 절실히 필요합니다.

'병이 있으면 약이 있기 마련'이라는 말이 있습니다. 늘 자연과 가까이하여 몸과 마음의 건강을 지속하기를 바라며, 우리 땅에서 자라는 토종 약초들로 세상에 건강을 전달할 수 있는 건강전도사가 되도록 노력하겠습니다.

산꾼 김태숙

산꾼의 약초방에는 산삼 · 상황버섯 · 동충하초 · 하수오 · 산도라지 · 산더덕 · 잔대 등 각종 약초로 담근 토종 약초주 600여 병이 전시되어 있습니다. 이 밖에 야생의 약초를 이용해 만든 차와 발효액, 장아찌 등과 질병의 증세에 따라 처방된 산야초환도 다양하게 준비되어 있습니다.

경남 창원시 의창구 사림동 14-10번지 〈산꾼의 약초방〉 055) 264-8496, 010) 2259-8496

◈ 상담 및 문의

- **홈페이지** http://산꾼의약초방.kr
- **네이버 블로그** 산꾼의 약초방 http://blog.naver.com/te8496
- **다음 블로그** 산꾼의 약초방 http://blog.daum.net/te8496
- **다음 카페** 산꾼의 약초방 http://cafe.daum.net/te8496